"中国劳模"系列丛书

U0726766

中国劳模

草原上的机修英才
魏建雄

王雷　孙峻岚◎著

吉林出版集团股份有限公司
全国百佳图书出版单位

图书在版编目（ＣＩＰ）数据

草原上的机修英才：魏建雄 / 王雷，孙峻岚著. ——
长春：吉林出版集团股份有限公司，2024.3
（"中国劳模"系列丛书 / 徐强主编）
ISBN 978-7-5731-4130-9

Ⅰ.①草… Ⅱ.①王… ②孙… Ⅲ.①魏建雄－传记
Ⅳ.①K828.1

中国国家版本馆CIP数据核字（2023）第159097号

CAOYUAN SHANG DE JIXIU YINGCAI: WEI JIANXIONG
草原上的机修英才：魏建雄

出 版 人	于　强
主　　编	徐　强
著　者	王　雷　孙峻岚
组稿统筹	东北师范大学文学院创意写作研究中心
责任编辑	王丽媛
装帧设计	刘美丽

出　版	吉林出版集团股份有限公司
发　行	吉林出版集团社科图书有限公司
地　址	吉林省长春市南关区福祉大路5788号　邮编：130118
印　刷	唐山富达印务有限公司
电　话	0431-81629711（总编办）
抖 音 号	吉林出版集团社科图书有限公司　37009026326

开　本	710 mm×1000 mm　1 / 16
印　张	8.5
字　数	90 千字
版　次	2024 年 3 月第 1 版
印　次	2024 年 3 月第 1 次印刷

书　号	ISBN 978-7-5731-4130-9
定　价	45.00 元

如有印装质量问题，请与市场营销中心联系调换。0431-81629729

序 言

　　劳动创造财富，劳动创造幸福，劳动创造未来。习近平总书记在2020年全国劳动模范和先进工作者表彰大会上的讲话中指出："全社会要崇尚劳动、见贤思齐，加大对劳动模范和先进工作者的宣传力度，讲好劳模故事、讲好劳动故事、讲好工匠故事，弘扬劳动最光荣、劳动最崇高、劳动最伟大、劳动最美丽的社会风尚。"当今世界，综合国力的竞争归根到底是科技人才和高素质劳动者的竞争。改革开放以来，我们强大的工人队伍用辛勤的劳动和拼搏奉献的精神推动中国制造、中国智造、中国创造走向世界的前列，新时代的中国面貌日新月异。大力弘扬劳模精神、劳动精神、工匠精神，加强高素质技能人才队伍建设，打造一支宏大的知识型、技能型、创新型劳动者队伍，是伟大时代赋予我们的历史责任。

　　劳动模范是民族的精英、人民的楷模，是共和国的功臣。自改革开放以来，广大职工勇立改革潮头，独立自主，奋发图强，勇于创新，其中涌现出一批批全国劳模和大国工匠。他们参与建设了代表中国高度、中国速度、中国深度的一系列重大工程，提升了国家实力，打造了"中国名片"，树立了"中国品牌"，增添了"中国力量"，充分释放出工人阶级的创新活力，展示出大国工匠的强大创造力。他们以工人阶级的满腔热忱在各自平凡的工作岗位上取得了辉煌的成绩，书写了新时代的壮丽篇章。

爱岗敬业、争创一流、艰苦奋斗、勇于创新、淡泊名利、甘于奉献的劳模精神，崇尚劳动、热爱劳动、辛勤劳动、诚实劳动的劳动精神和执着专注、精益求精、一丝不苟、追求卓越的工匠精神，是广大劳动群众在社会生产实践中锤炼形成的弥足珍贵的精神财富，是工人阶级伟大品格的具体体现，是民族精神和时代精神的生动诠释。民族复兴需要劳动模范，祖国强盛需要大国工匠，中国制造、中国智造、中国创造更需要大国工匠的强有力支撑。劳模、工匠等的成长故事、先进事迹中承载的劳模精神、劳动精神和工匠精神，是激励全国各族人民团结奋斗、勇往直前的强大精神力量。

"中国劳模"系列丛书，采用图文结合的方式，讲述全国劳模、大国工匠和先进工作者们的成长经历及他们追梦、筑梦、圆梦的故事，用他们在平凡岗位上创造不平凡业绩的真实故事感染读者，推动形成劳动最光荣、劳动最崇高、劳动最伟大、劳动最美丽的社会风尚，引导广大技术工人和青少年形成劳动光荣、技能宝贵、创造伟大的观念。

"匠心筑梦，强国有我。"新时代是一个万象更新、生机勃勃的时代，也是一个继往开来、创新创业和建功立业的大时代。希望广大读者能以劳动模范为榜样，以大国工匠为楷模，立志技能报国、技术强国，踔厉奋发，勇毅前行，锤炼思想品格，汲取劳动智慧，勇于担当、勤于钻研、甘于奉献，为推进新型工业化和乡村振兴，为加快建设制造强国、质量强国、航天强国、交通强国、网络强国、数字中国、农业强国，全面建设社会主义现代化国家贡献青春力量。

中华全国总工会副主席（兼）

中国航天科技集团有限公司第一研究院

211厂14车间高凤林班组组长

2022年11月

魏建雄，蒙古族，1970年生，内蒙古自治区鄂尔多斯市准格尔旗人。目前在国家能源集团准能集团有限责任公司设备维修中心穿采车间工作，现任国家能源集团"首席钳工"、准能集团"机修钳工首席技能大师"。

1989年，魏建雄高中毕业进入技校学习，先在辽宁省阜新矿业学院（现辽宁工程技术大学）学习了一年，然后在内蒙古包头白云鄂博铁矿实习了一年。之后，他进入准格尔煤炭工业公司黑岱沟露天煤矿设备维修部，主要负责煤炭采剥设备组装工作。

1996年，魏建雄被调到生产作业部穿爆队，担任维修班班长，从事钻机维护和检修工作。除日常工作外，他还积极探索钻机技术创新改造。

1999年6月，魏建雄光荣地加入了中国共产党。

2005年，魏建雄考入内蒙古科技大学机械工程及自动化专业（本科）。同年考取了机修钳工技师职业资格证书。

2006年，魏建雄破格晋升为高级技师。

2007年，魏建雄被提拔到管理岗位，每天深入现场指挥电铲钻机维修工作。

2008年，魏建雄成为全国技术能手。

2009年，魏建雄荣获全国五一劳动奖章。

2011年，魏建雄享受国务院政府特殊津贴，并被中国煤炭工业协会授予"煤炭行业技能大师"称号。

2012年，魏建雄获得"中华技能大奖"荣誉。

2013年，魏建雄创立的"魏建雄技能大师工作室"获批成为"国家级技能大师工作室"。

参加工作以来，魏建雄一直从事露天煤矿用的进口和国产钻机、电铲的维修和管理工作，有"采剥机械检修专家"的美誉。日常工作之余，他积极开展维修创新、修旧利废、人才培养等工作。

2020年，魏建雄被评为全国劳动模范。

目 录

第一章　年少当家

　　魏建雄出生于1970年。他的父亲是一名工人，在离家五十千米的一家硫黄厂工作，因路途较远，交通不便，一般情况下，父亲每年只有过年的时候才能回家一趟。他的母亲是个农民，常需要到农业合作社的农田里干活儿挣工分养家糊口。由于父亲长年不在家，几乎所有的家务都落在了母亲身上。

　　魏建雄还有一个哥哥、一个姐姐和一个妹妹。哥哥大他四岁，姐姐大他一岁，妹妹小他十二岁。兄弟姐妹四人陆续上学，母亲的担子也越来越重。在魏建雄的记忆中，父亲不常在家，几乎是母亲一个人用她顽强的毅力供养四个孩子。

　　"穷人的孩子早当家"，魏建雄从五六岁起，就开始了他的"当家"之路。

田野里的拾柴娃

　　"黑厨房，土灶台，一日三餐不离柴"，这是包括二十世纪七八十年代在内很长一段时期，农村厨房的真实写照，燃料——柴的重要性不言而喻。民谚又道："开门七件事，柴米油盐酱醋茶。"柴为首，也说明柴在日常生活中起着关键性的作用。那个年代，广大农村普遍使用柴火灶，不仅是人的一日三餐，甚至煮食喂猪都离不开柴火。

　　二十世纪七八十年代，也就是魏建雄的童年时期，生产队会按照工分和人头为每家分配秸秆，但很多家庭不够烧。俗语说"巧妇难为无米之炊"，在准格尔旗还有一难——"无柴之炊"。所以，为了生火做饭、烧水取暖，家家户户都要利用闲暇时间去拾柴。可以拾的柴主要有两种，一种是草——秸秆这类比较硬的草；另一种是枯树枝，这种柴木质硬，燃烧起来火更旺，更耐烧。但这种柴火极少，往往很难拾到。

成年人需要劳作，只能在冬春两季农闲时去山里拾柴。而一些半大小子空闲时间比较多，放学后做完功课，就会到村边的田间地头、河岸树林，力所能及地拾一些柴火，虽少，但常常能解无柴之难。

魏建雄的哥哥和姐姐长大一些懂事以后，就主动帮母亲分担家务，哥哥拾柴，姐姐做饭。这一切，魏建雄耳濡目染，他在做家务、拾柴中渐渐长大了。在他五六岁的时候，同龄的孩子或由长辈领着却还十分怯生，或跑出去疯玩不知忧虑，他则央求哥哥带着他去拾柴。

"哥哥，我也要跟着你去拾柴，带着我吧。"只有五六岁的魏建雄还有些奶声奶气，但能够听出他的坚决。

"你？你这么小，能拾多少！别捣乱了，在家玩儿吧。"哥哥边用手比画着魏建雄的身高，边不屑地说。

"每天多捡几根，就能积少成多，你就带着我吧！"魏建雄坚持着。

哥哥拗不过他，只好拿了根绳子，带着魏建雄走向村边的树林。从那时起，哥哥的身后就时常跟着一个步履还有些蹒跚的小孩子。

东边拾几根秸秆，西边捡几根干树枝，遇到比较大的枯木段，魏建雄就高兴得大声喊："哥哥，快来帮我！"稚嫩而欢快的声音，在空旷的山野间回荡，似小鸟找到食物时快乐的啾鸣。

…………

拾柴是枯燥的，也是辛苦的，魏建雄却以此为乐，他喜欢那种四处寻找之后获得的惊喜。魏建雄更像是在玩耍，哪怕只是拾到一根秸秆他也高兴。魏建雄爱幻想，总是对前方充满希望。或许，这个时候，魏建雄不管拾到多少柴，都只是锦上添花，因为哥哥是主力，为他兜着底儿。

两三年之后，哥哥到五六千米之外的准格尔旗第二中学读初中，需要住校。魏建雄也已经在淖尔塔村民办小学就读。学校只开一上午的课，下午写完作业，魏建雄就去拾柴，没有哥哥带着，他丝毫不发怵，只是感到身上的责任重了许多。

深秋的一个午后，秋老虎的余威犹在，阳光照射在身上，仍然感觉火辣辣的。魏建雄和小伙伴们又相约去拾柴，他们几乎转遍了村子附近的山间、田野，再去走一遍也只是碰碰运气，如果运气好的话，兴许能够捡到前一天晚上刚刚掉落的枯树枝，如果运气不好，就只能背一筐枯草回家。

找了两个多小时，魏建雄的柴筐里也只有半筐筷子粗细的枯草。魏建雄比柴筐高不了多少，瘦小的身体有点儿吃不消，就一屁股坐在树下的石头上，顺势向后一倒，半倚在柴筐上，其他小伙伴继续在附近寻找更耐烧的树枝。

魏建雄望着碧蓝的天空，空中不时飞过一群不知名的小鸟，偶尔还传来一两声悠长的鸣叫。他心里想着，如果能像小鸟一样自由自在地飞翔就好了，可转念又一想："不行，我变成小鸟飞走了，妈妈就更累了。"想到母亲，魏建雄不得不回到现实中，考虑如何才能拾到足够的柴火，以供接下来几天使用。

当魏建雄的目光从天空回到地面，想要追寻其他小伙伴继续去找柴火的时候，半空中的树冠里，有一样东西吸引了他——一棵柳树上有个炒锅大小的鸟窝。

魏建雄围着这棵大树走了一圈，抬头看了看，放下柴筐，挽起袖子，双臂抱住树干，深吸一口气，提脚用力蹬着树干，在一个合适的时机，猛地向上一蹿，迅速抓住离自己最近的一根树枝……就这样，他很快爬到了鸟窝的位置。

在农村，上树掏鸟窝是很多男孩子都做过的事情，因为他们更喜欢刺激和冒险。当看到魏建雄爬上树直奔鸟窝，其他小朋友并没有感觉太惊讶，他们只是觉得魏建雄太淘气，柴火没拾多少，就贪玩掏鸟窝去了。但接下来魏建雄的举动让他们瞬间明白，魏建雄可不是贪玩。

"我爬到树上去拆鸟窝，因为这样就能从树上拆到鸟用柴草搭的窝，可以比别人弄到更多的柴火。别的小孩不敢爬太高的树，我敢！"现在回忆起来，魏建雄的语气中仍然带着自豪。

能够比别人更快、更多地弄到柴火，但魏建雄回到家里却不敢和母亲炫耀。因为母亲为了他的安全考虑，常常告诉他不能爬树，不能下水，要远离这些危险的地方，所以上树拆鸟窝只能作为一个秘密埋藏在魏建雄的心底。

因为时常爬树，魏建雄的衣服裤子总会被树枝划破，甚至身体也常被树枝划伤。在那个经济条件普遍不好、物资相对匮乏的年代，衣服很金贵，但划破的衣服并没有引起母亲的注意，她只是把这归结于男孩子淘气。

魏建雄每次爬树都很小心，只爬较矮的树，向上爬的过程中，也会多次确认重心是否稳定，树枝能否承重。可是"常在树上爬，哪能不手滑"。一次，当他踩上一根看似粗壮的树枝时，意外发生了。那根有他小臂粗细的树枝已经干枯，十分易折，承受不住他的重量，突然断裂。他脚下踩了个空，结结实实地摔在了地上。好在他爬得不算太高，只是受了些皮外伤。这次回到家里，母亲看他走路一瘸一拐的，再加上擦破的脸颊和手臂，便一再追问。魏建雄知道瞒不过去了，便不得不将自己的秘密告诉了母亲。

"妈妈知道你是为了这个家好，但是爬树很危险，你万一摔伤了，后果很严重。另外，你拆的鸟窝是小鸟的家，你把小鸟辛辛苦苦搭的窝拆了，它们住在哪里呢？"母亲虽然责备着他，但更多的是心疼，她说完看着魏建雄的眼睛，希望得到回应。

魏建雄飞快地思考着母亲的话，"对啊！万一掉下来摔伤了，不是给妈妈增加更多负担吗？小鸟……小鸟住在哪里呢？如果我们的家被破坏了，就没有地方住，小鸟不也一样吗？"魏建雄流露出愧疚的神色，他明白了母亲的话。

"妈妈，我错了，我这样做真是太自私了，以后我不拆鸟窝了，也不爬树了。"魏建雄满是愧疚和自责地说，随即又指向院子里那根被他踩断的干树枝，"你看我拖回来这根树枝，够做一顿饭了。"

"你这孩子，摔成这样还想着树枝。"母亲有点儿哭笑不得，在魏建雄后背佯装拍了他一下，"知道错了就好，以后可不能爬树了！"

田野里、树林间，还是经常会出现魏建雄和小伙伴们的身影，只不过，魏建雄不再爬树，当他在树林里看到高高枝权上的鸟窝时，总会想："那里住的是被我拆掉鸟窝的那一家小鸟吧，希望它们原谅我。"

在淖尔塔村周边那一处处山野里，魏建雄走过了一个个春夏秋冬。四季的阳光和风雨，在他的成长历程中，留下了深深的烙印。

扁担下的嫩肩膀

魏建雄小时候，淖尔塔村还没有安上自来水管道，村民们要到村里的水井挑水吃。

在不同的地方，从水井里打水的方法不同，有的是用辘轳把水桶摇到井里，灌满水后再摇上来；有的是把水桶直接扔到井里，靠一定的技巧把水打上来。除了水桶，另外一样工具——扁担也必不可少。用扁担挑上两桶装满水的水桶运到家里就完成了一次挑水工作。

挑水的时候，扁担两头的铁钩上各挂一只水桶，这样挑扁担才能保持平衡。不要小瞧挑水这件事，如果技术不够娴熟，挑水的人不但会感觉水桶很沉重，有时还会前俯后仰，甚至摔个跟头，水桶倒在地上，里面的水就白打了。

淖尔塔村子里最近的一口水井离魏建雄家有五十多米，魏建雄家住在半山坡，水井在山脚下。魏建雄和哥哥、姐姐还小的时候，是母亲每天在劳作之余挑水。等到哥哥大了，主要由他负责挑水，帮母亲分担家务。

那年夏天，哥哥在镇上的初中住校，只有十岁的魏建雄考虑姐姐要做饭，母亲每天劳作很辛苦，就决定今后由他挑水。一个下午，他独自拿起扁担和水桶走向了山脚下的水井。

站在井边一米外，望着黑漆漆的井口，魏建雄不敢靠近。两年前的那次意外，仍让他心有余悸。那是一个寒冷的初冬的早晨，他和姐姐一起去上学，路上经过这口水井。出于男孩子的好奇与淘气，魏建雄想要看看井有多深，就朝着井边跑去。魏建雄没有注意到在井边由于村民挑水过程溅出的水花而结的一层冰。他脚底一滑，掉进了井里。

姐姐看到弟弟落井，慌了神，马上到井边察看。水井大概两米深，水面还没有结冰，好在冬季是枯水期，井里的水深不足一米。此时，弟弟站在齐胸的水中吓得哇哇大哭，棉衣棉裤被井水浸湿，很沉重。姐姐焦急地四处张望，希望能够找到路过的大人帮忙，可偏偏当时没有任何人经过。姐姐又趴在地上扒住井口尝试去拉弟弟的手，可对于只有九岁也还是个孩子的她来说，仍然是徒劳。弟弟仍然在哭，他牙齿打战，声音瑟瑟发抖。姐姐必须尽快想出办法把弟弟拽上来，不然在冰冷的水中随时可能出现新的危险。她急忙在水井附近寻找起来，看到一根木棍马上捡起来回到井边，紧握着木棍伸向弟弟。

魏建雄得救了！

事后回忆起这件事，他没想到仅大他一岁的姐姐会有那么大的力气，能把他从两米深的水井里拽上来，自己的体重加上浸透水的棉衣棉裤少说也有五六十斤。

因为魏建雄得回家换衣服，所以，那天他没有上学。姐弟俩也因此受到了母亲的训斥，其实母亲更多的是后怕。自此，魏建雄的心里留下了阴影，"一朝被蛇咬，十年怕井绳"，他不敢再在井边逗留。

但为了替母亲分担家务，十岁的他颤颤巍巍地走到井边，小心翼翼地站稳，和自己内心的恐惧搏斗着。

打水不仅需要力气，还需要技巧和耐力。曾经看哥哥打过几次水的魏建雄学着哥哥的样子，把水桶口朝下倾斜着扔进水井。桶沿儿先接触水面，桶底继续下落，此时，桶沿儿慢慢浸入水中。在合适的时机，魏建雄顺势向上拉绳子，水桶重心发生变化，变为桶口朝上，水桶里就装上了水。

只有十岁的魏建雄力气不足，满桶水他提不动，也挑不动，所以他只能装两个半桶。扁担两端链钩的长度是按照成年人的身高设计的，魏建雄个头不够，他就把链钩在扁担上绕两圈，这样才能使水桶与地面保持足够的距离，不至于磕碰到地面。即使这样，他稚嫩的肩膀仍然被扁担压得生疼，两个水桶沉重得让他迈不开步子。他跟跟跄跄，东摇西晃，水不时地泼洒出来，溅湿了他的鞋子和裤子。他坚持走上几十步，就要把扁担放下歇一会儿，再换另一面肩膀。

"你哥哥呢？你还太小了，挑不动水，等再长大点吧！"

"挑不动就把水泼掉，拎着空桶回家吧，别逞能，小心压得你不长个儿！"

"这孩子，真懂事儿，这么小就来挑水了。"

…………

来挑水的和挑着水往回走的村民看到魏建雄挑着扁担跌跌撞撞地往前走，有人劝他，有人夸他，也有人打趣他……

成年人挑着两只装满水的桶，大步流星向前走着，像远处的山一样稳。那条扁担在他们的肩膀上有节奏地上下颤动，断断续续地发出吱呀吱呀的声音。扁担两头吊着的水桶，也自然而有节奏地上下晃动。水桶里水波荡漾，却不见洒出来一点儿水。他们来了兴致时，两手放开扁担，或抱在胸前，或插进裤兜里，任由扁担和水桶一上一下，一上一下，欢畅地跳动。魏建雄仰望着他们，觉得他们是高高的一座山，那两桶水就像山峰之上的云彩一样轻。

五十多米的路程，魏建雄却感觉有十万八千里。就在他一路歇息了不知道多少次，再重新把扁担放在肩上，咬紧牙关继续前行时，一个熟悉的身影出现在他面前——那是他的哥哥。

哥哥看到他，三步并作两步，小跑到他跟前，边伸手接过他肩上的扁担边说："挑水很累的，还是哥哥来挑吧，你还没长大呢。"

"哥，没事儿，你在镇上上学回不来，我得学会挑水，妈妈才能轻松点儿。"魏建雄回应着哥哥。

即使母亲和哥哥以"还在长身体"为由，一再劝说魏建雄不用去挑水，但魏建雄还是一有空就去挑上几担。虽然他每次挑两个半桶，但他会多去几趟，因为要把家里的水缸装满。夏天，汗水浸湿了衣衫，扁担磨红了肩膀，水桶的重压和太阳的炙烤让他头晕目眩；冬天，寒风刺在他的身上，雪花打在他的脸上，结冰的路面随时可能让他重心不稳摔个大跟头。晚上，浑身酸痛，肩膀被压出了血印子，他疼得睡不着觉……从水井到家里，那段路是艰难的，但当魏建雄想到自己受苦却可以为母亲和哥哥减轻负担时，他就咬紧牙关，挺直身体，任凭扁担吱呀吱呀的声音不停地向他叫嚣，他都无所畏惧。

早年挑水的经历让魏建雄知道了生活的艰辛，锻炼了他坚忍的意志，"不服输"从小便刻在了他的骨子里。这为他后来走出淖尔塔村，在更为广阔的天地中努力作为，源源不断地输送着动力。

灶台旁的"小厨师"

春日，云淡风轻，临近中午，安静了一个上午的淖尔塔村开始热闹起来，村路边大柳树细长的柳枝在轻风的吹拂下微微摆动，长满青苔的老井旁几个年轻男女正在打水。"汪汪汪……"村子里不时传出几声狗吠。在田地里干了一上午农活儿的村民陆续回到家里，很快，小村上方就炊烟袅袅……他们准备吃完午饭休息一会儿，再投入下午的生产。

魏建雄的母亲还没到家，但家中灶膛里已经生起了火。魏建雄蹲下来用炉钩把火挑旺，又添了两根细一点儿的木柴，炉火把他的小脸映得通红，他感觉脸被烤得火辣辣的。

火苗从柴火的缝隙中钻了出来，欢快地舔着发黑的锅底，噼里啪啦地炸响。看锅里温度升高了，魏建雄起身拿起油瓶，熟练地沿着锅边淋上一圈素油①，油热下入葱花、蒜末，厨房里瞬间香味儿弥漫……

很快，一盘炒土豆丝就被端上了餐桌。饭菜虽然简单，但灶台旁魏建雄行云流水的动作和老练的手法，让我们很难想象，这

---

① 素油：胡麻油和菜籽油混合的一种油。

一年他只有十一岁。

魏建雄的父亲长年不在家，哥哥住校，魏建雄成了家里唯一的男子汉，天生的责任感让他觉得应该承担更多的家务，以减轻母亲和姐姐的负担。原本家里的饭菜由姐姐负责，但姐姐还有一个学期就上初中了，也要住校，所以，魏建雄再次思量决定要学会做饭。

一天，他看到姐姐正在做饭，就主动过去帮忙，其实，他并不仅仅是想帮忙，而是要向姐姐学习怎么做饭。

"姐姐，你教我做饭吧，等你不在家，就由我来做。妈妈下地干活儿回到家已经很累了，我学会以后妈妈就不需要再为我们做饭了。"魏建雄看着姐姐认真地说。

"你人不大，还挺暖心的啊！你有时间不多玩一会儿，却想着干活儿，你真是长大了。"姐姐开心地说道。

从最简单的捞饭开始，魏建雄渐渐学会了做一些比较简单的菜。一天中午，母亲干完农活儿回到家里，看到饭桌上早已准备好的饭菜。环顾屋内，儿子正一脸得意地看着她。确定家里只有这个最小的儿子，又看到他被烟灰弄花的小脸儿和衣服上的污渍，母亲惊讶的表情凝固在脸上，她瞬间明白了。

"这……都是你做的？"母亲仍不可思议地问道。

"嗯，都是我做的，妈，您尝尝！"

"你怎么想到要做饭的？"

"您每天干活儿都很累，姐姐和哥哥也不在家，我做好了，这样您回到家马上就能吃上饭！"

听到儿子的回答，母亲的心情和表情都很复杂，心里自然很欣慰，一身的疲惫也一扫而光，可是她眼眶里却含着泪花，那是幸福的眼泪，也是愧疚的眼泪。她知道——儿子长大了！

那个中午，母亲坐在桌前，细细品尝儿子做的饭菜，赞不绝口，当然，更多的是鼓励。魏建雄一直腼腆地笑着，为母亲分担一点儿事情并得到了认可，他感到由衷的开心。而此时，母亲表面欣喜，心里却很不是滋味儿。

"儿子，是妈妈没本事，委屈你了。你没有生在一个富裕的家庭。咱们农村人的生活不如城里人过得好，希望你长大以后能够过上好日子。"

母亲的文化水平不高，但她知道教育对于孩子未来的意义，她不想因为贫苦使孩子过早地为家庭所累，她要让孩子有文化，将来拥有更好的前途，"做家务可以，但不能耽误读书，有了文化才能走出农村"。

"妈妈，您就放心吧，我心里有数。"魏建雄心疼母亲，他想通过自己的努力改变家庭的命运，虽然他还小，但他心里已经有了一个清晰的目标。

简陋的小屋子里，不时传出母子二人欢快的笑声，真是一个快乐的中午！从那时起，魏建雄几乎承担了家里做午饭和晚饭的工作。有时，油烟熏疼了眼睛；有时，菜刀划伤了手指，但他从来没有怨言，反而更加认真地去研究做菜的门道，希望为家人做出更可口的饭菜。

在之后的日子里，还是个孩子的魏建雄确实做得越来越多，现在回忆起来，魏建雄说，他之所以在很小的时候就承担起那么多似乎与年龄不相符的家庭责任，可能缘于对家庭和家人的爱。他觉得自己多做一点儿，母亲就能在繁重的农活儿间隙松一口气；自己多付出一些，哥哥、姐姐就有更多时间去学习……虽然小时候的魏建雄并不懂这些，但这点点滴滴，即使今天看来也倾注了他对家人浓烈的爱。

农田里的半劳力

二十世纪五十年代至八十年代，农村生产处于人民公社阶段，每个生产小队集体劳作，按劳计酬。工分是那个时期独特的计工方式，社员干活儿叫挣工分，男女老少社员根据劳动挣不同分值的工分。比如，一个壮劳力干一天挣十工分，妇女、老人、孩子或者体弱者挣的工分则会根据农活儿劳动强度的降低，相应地减少。生产小队设有记账员，每天收工前公布工分，年终据此结账，兑换现金和粮食。

魏建雄的父亲是工人，所以挣工分的任务全都落在了母亲身上。而母亲是家庭妇女，家里又只有这一个成年劳力，按家庭计算，挣的工分比其他家庭会少很多。十二岁时，魏建雄已经长成了半大小子，看到母亲很辛苦，他坚定地跟着母亲去干农活儿挣工分。

每当下午没课或者假期，魏建雄就和母亲一起去农田。他起初干些力所能及的活儿，播播种、撒撒肥，这些劳动都是比较轻松的，小孩儿虽然干得慢，但也能顶半个大人用，可以给家里带来一份收入。

随着魏建雄慢慢长大，等到他上初中的时候，也要到镇上的学校读书，需要住校。他就利用假期时间和母亲去农田劳作，这个时候，他已经不再满足于完成那些简单轻巧的活儿，他觉得自己长大了，就主动去学习耕地和收粮。

这两项工作不仅需要力气，还需要经验和技巧。就拿最累人的收粮来说，收麦、装车、堆垛都不是轻松活儿，收个麦就要褪层皮。割倒的麦子捆成了捆，就要装车了。魏建雄小时候，拉麦子都用骡车或马车，庄稼汉子用木杈把麦子捆高高地挑起，扔到车上，车上还要有一个人负责装车。看到叔叔伯伯们装车，魏建雄觉得很简单，不就是把麦子捆放在车上码好，再用绳子捆结实吗！

可是，装车麦子捆可不是随便码的，那可是有讲究的！

当魏建雄第一次装好了车，牵着骡车走在回村的山路上，还扬扬自得，心里想秋收运粮也不过如此，而且自己装得多，这样至少能省一个来回，太阳落山之前，今天的任务就能完成了。心里一高兴，就不自觉地哼起了小曲："走马中的快走马啊，轻轻地提缰它就飞奔向前，莫道那路遥远，勇往直前啊，不要失掉那自己的信心……"

不知不觉间，魏建雄赶着骡车走到了一处坑洼很多的路段，他担心骡车侧翻，就转过身，小心翼翼地牵着骡子缰绳，边缓缓地后退，边观察着车轮的位置，以便在车轮轧进比较深的坑洼之前，调整行走路线。

此时的魏建雄并不知道，由于他往车上装麦子时没有任何技巧，经过一路的颠簸，捆麦子的绳子都已经松动。当他谨慎地操控着骡子让骡车避开较大的坑洼时，车轮突然一滑，滑进了坑里，车身发生了倾斜，车上的庄稼大部分翻落在了地上。

刚刚还得意扬扬的魏建雄懊恼地站在原地愣了几秒钟，然后不得不先卸掉骡子，用了两个多小时，把庄稼转移到路边。此时，他早已累得满头大汗。

魏建雄看着满地狼藉，心想：自己明明装得很规整，怎么就翻车了呢？

坐在路边休息了一会儿，眼看着天色渐晚，他赶紧重新装起车来。这时，一位老伯伯神情悠闲地赶着装满麦子的骡车走过来，看到他问："小伙子，车怎么翻了？"

"不知道啊，我感觉装得挺好的，走到这儿，坑太深，就翻了。"魏建雄沮丧地回答。

"吁——"老伯伯让自己的骡子停下，上前看了看魏建雄重新装的两层，热心地说："你这样不行，装车是有技巧的，从开始装车就要铺好，既要左右对称，又要外实内虚，底层码在车板边缘，往上要逐层向外扩散，过了中间，还要注意适当地收拢，每一层都要错位压实，不然走在路上车一晃，绳子就松了，麦子就会掉下来。"

老伯伯简单几句话，魏建雄听得一愣一愣的，感叹："装车还有这么多学问？"

"别以为庄稼地里的活儿粗，学问多着呢！"老伯伯说道。

老伯伯帮着魏建雄重新装好了麦子。赶着骡车重新上路的魏建雄能够感觉到，骡车和满车的麦子似乎变成了一个整体，即使轧过比较深的坑洼，依旧稳若磐石。

这次翻车的经历，随着魏建雄日后的成长，也让他有了更为深刻的体会。装车，需要铺垫、需要构思、需要布局。人生，又何尝不是如此呢？胸中没有格局，不懂虚实，不懂平衡，就难免"翻车"。

从那之后，魏建雄变得更加好学，他不再认为干农活儿是简单的事情，他也不再一个人蛮干，而是经常向有经验的叔叔伯伯们请教，再实践。

"儿子，干农活儿别太用力，把功课完成，有空多出去和同学玩儿吧。"母亲看到魏建雄很劳累，在鼓励他用心读书、放松玩耍的同时，也会安慰他，"咱家条件不好，你也跟着受苦，别有太大压力，妈妈能养活你们。"

"妈妈，我多做一些，您就能少做一些，我希望能帮您减轻负担。"

魏建雄的话，让母亲眼里含着泪花，孩子的成熟程度已经超出了他的年龄，这更让她感觉愧对孩子，她只能哽咽着说一句："妈妈相信你，妈妈等着。"

魏建雄把农活儿里的大部分事项干了个遍，像拉犁耕地、引水浇地、锄地铲草、收割庄稼……到处都有他干活儿的身影。

魏家的家庭条件确实因为魏建雄的付出而逐渐有了改善，到了年底，家里能够多分一些粮票、油票和布票。吃着用自己的劳动换来的粮食，魏建雄无比开心和满足。看着母亲满面笑容，魏建雄更加自豪和自信。

他能做的事，他要做的事，还有很多。

工地上的打工仔

20世纪70年代末，我国进入了轰轰烈烈的改革开放时期，尤其是到了20世纪80年代，随着改革开放的深入推进，各个领域的建设日新月异。建设就需要劳力，务工的机会越来越多。

1984年，魏建雄十四岁，在准格尔旗第二中学读初二。那年暑假，魏建雄回到淖尔塔村，看到村里正在修水利工程，同村的一些叔叔伯伯都在工地干活儿。他上前打听得知，工地上的工人不够，就在村里临时招工。魏建雄来了兴趣，他寻思着，暑假有两个月的时间，正好自己可以来打工，挣点儿钱贴补家用。主意已定，下一步要做的是说服母亲。

觉得母亲大概不会同意，魏建雄在心里反复演练着说服母亲的理由。一天晚饭后，母亲正在昏暗的灯光下缝补旧衣服，魏建雄满脸堆着不自然的笑容，走到母亲身边坐下，刚开口就暴露了内心的慌张。

"妈，我……我想和您……和您商量个事儿。"魏建雄看着母亲，不知怎的，边说边低下了头，像做错了事的孩子。

"怎么了，儿子，学校又要交什么钱了？"母亲倒像是习以为常。

"不是。您看……我放假了，功课也不多，基本没事儿了，这段时间很长，我想……我想出去打工赚点儿钱，这样就可以买点儿家里缺的东西。"魏建雄怕母亲不同意，说得吞吞吐吐。

"孩子，你还这么小，出去打工？妈妈不能每天看到你，怎么能放心？"母亲停下手中的活计，认真地看着魏建雄，态度坚决。

"我就在家门口找个事情做，先干上试试。我已经打听好了，咱们村正在修建一个水利工程，需要招人，就在村东头，每天可以回家住，您要是不放心，可以随时去看我。"魏建雄试图打消母亲的顾虑。

"你这孩子，敢情早就盘算好了，那你就去试试。如果太累干不动，就赶紧回来。"母亲边说边用食指在魏建雄的鼻子上刮了一下，母子俩相视一笑。

那个年代缺少先进的机械设备，工地上的活儿对于很多成年人来说都是繁重的，何况是一个十多岁的少年呢。不过，魏建雄和母亲说"干上试试"，只是为了说服母亲，他心里可不是这样想的，他下定了决心，只要进了工地，就不能退缩。

第二天，魏建雄就去了工地，找到负责人说明来意。

"你来干活儿可以，但你还是个孩子，重活可能干不了，所以不能按全劳力给你发工资，你看怎么样？"负责人和魏建雄商量。

"行，我干着试试，看我表现，如果我能和大人干同样的活儿，你得给我涨工资。"

起初，进入工地，工地负责人给他安排的都是打杂的活儿，给挖沟师傅扯扯线，给定桩师傅扶扶杆，跑个腿儿，传个话，如此种种。这显然不能让魏建雄满足，想多挣钱，他就必须和大人们干一样的活儿：搬石块、推沙子、和水泥……有一天，他向一位工友叔叔提出要搬石块试试，工友叔叔看他还是个孩子，就调侃道："你这么小，能干点儿啥？别在这捣乱！"

"你们能干的我也能干！不服咱俩打赌。"魏建雄不服气地说。

"好啊，这小子有点儿倔劲儿，你说怎么赌？"工友叔叔也来了兴致。

"就这块大石头。"魏建雄指着旁边一块脸盆大小的石头，"你能搬起来，我也能搬起来。"

"你这小身板能搬动？你可悠着点儿，搬不动别硬撑，闪了腰，扭了胳膊腿，你爸妈可要来找我算账了。"

面对工友叔叔半关心半戏谑，魏建雄不言语，撸起袖子，走到石头旁边，半蹲下身子，两只胳膊呈环状抱住石头。只见他咬紧牙关，屏住呼吸，腰部紧绷，胳膊逐渐发力，额头青筋凸起。"起——"魏建雄大喊一声，石头离开了地面。

魏建雄搬动了石头，这次打赌他赢了，可他并没有马上把石头放下，而是稳了稳身体，向二十米开外新挖的水渠走去。

魏建雄的举动令工友们刮目相看，负责人知道后，也把他的工钱从原来的五成调到了八成。

从那之后，挑水、和泥、搬砖、推车……成年人能干的活儿魏建雄都干过，而且干得并不比成年人差。工友们不再把他当小孩子看，但也会时不时地关心他、帮助他，看到他搬的东西太重，就主动搭把手。

"你这孩子这么小，干这活儿太重了吧！悠着点儿，别伤了身体。"一位叔叔有些担忧，但更多的是关心，边说边从魏建雄手里接过一袋沙子。

"为了让家里宽裕一点儿，累点儿也无所谓。"

在工地繁重的劳动中，孩子的劣势也有可能变成优势，因为力气不足，魏建雄更需要动脑筋去找干活儿的窍门。比如说搬砖，工人们是按照自己的力气大小，把一定数量的砖块儿摞在一起，双手搬起后放在身体前方向前走，搬到指定地点。这样，体力消耗比较大，时间久了，胳膊和腰也会疼。看到这些，魏建雄就琢磨做一个工具把砖块夹起来，双手各拿一个工具，这样就不用总哈着腰，还能省些力气。

魏建雄按照自己的设想，找来几块铁片和几根钢筋，让焊工师傅制作了两个大号夹子。他拿着夹子一试，别说还挺管用，每个夹子能夹四五块砖，夹起之后，拎着就可以走，重量被分散不说，身体两侧又能保持平衡，省不少力。这个小发明经过改良之后，迅速在工地推广，魏建雄也成了个小名人。

魏建雄干活儿细致认真，又能不时蹦出新点子提高工作效率，很快，他在工地成了干活儿的能手，很多大他一辈的叔叔伯伯们都夸他活儿干得好，也都愿意和他一起搭班干活儿。

"这孩子活儿干得真好，我和你一块儿干吧！和你一起干活儿轻松，能省不少心。"

"哈哈，好啊，只要您不嫌弃我是个小累赘，我没问题！"

魏建雄每年都会利用寒暑假去打工，一直持续到他上完高中。这段经历，不仅让魏建雄的家庭有了一份额外的收入，在一定程度上改善了家庭条件，也让他在繁重的工作中养成了做事坚持不懈、认真负责的品性，还锻炼了他善于动脑找技巧的创新思维。

年少当家的历练，让他在适逢其会时，有足够的勇气和毅力去迎接各种新的挑战。

第二章　适逢其会

魏建雄如今是煤炭采剥设备维修领域的专家。三十年前他从一名普通的维修钳工脚踏实地一步一步成长，成为今天行业内的技能大师。他之所以走上机械设备维修这条道路，用他自己的话说，也许是冥冥之中早有安排。

自行车"维修工"

自行车在现代社会极为普遍，有需求的家庭都会买一辆，一些小孩子五六岁就会骑自行车了。而且，现在的自行车样式更美观，重量更轻，功能更丰富。

可是，在二十世纪八十年代，普通家庭根本买不起自行车，当时一百多元的自行车和普通人每月二十多元的工资相比，是一笔相当大的开销。自行车在当时人们的心中，不仅是一个代步工具，更是一种精神寄托，寓意着美好的未来。

魏建雄的哥哥上初中时，因为学校在镇上，距离村子较远，家里买了第一辆自行车，飞鸽牌，二八型号，也就是当时所说的二八大杠。以魏建雄家当时的经济状况，买辆新自行车当然是很困难的，所以就买了一辆车况很糟糕的旧车。虽然是旧车，但一家人也格外珍惜。

魏建雄读初中时，他的哥哥和姐姐相继辍学。这辆自行车就流转到了他的手里。这辆自行车车况原本就很差，哥哥和姐姐又骑了四五年。三个孩子在使用这辆自行车学车的过程中，由于这是成人用的自行车，小孩子不好掌控，频繁地出现摔、碰、撞的情况。再加上当时路况不好，自行车损耗比较大。所以，这辆自行车从买到手就经常出现小毛病。

那个时候，农村没有专门的自行车修理铺，如果车坏了，就要推着或扛着去五六公里外的海子塔乡政府所在地维修，而且维修需要维修费。魏建雄想省力省钱，就自己琢磨维修自行车。起初，魏建雄并不会这门手艺，他就向村里会修机器的叔叔伯伯们请教，缺零件了，就顺便从镇上买回来。魏建雄边请教，边琢磨，边尝试，时间长了，修理自行车常见的故障便不在话下。

对于一些比较难修的故障，魏建雄甚至会专门跑到镇上的修车铺，向修车师傅取经。修自行车在当时是一门可以"吃饭"的手艺，他担心修车师傅不教自己，他还不忘带上自家菜园里摘的黄瓜、西红柿等蔬菜，送给修车师傅。

"师傅，您手艺真好，能教教我吗？"魏建雄谨慎地问。

"修自行车会弄得身上、手上都是油污，你个小孩子学这个做什么？"修车师傅停下手中的活计，伸出满是油污的手给他看，并不解地问。

"我家在淖尔塔，离这里远，家里有个旧自行车总是坏，学会了就不用每次都跑这么远的路来修了。"魏建雄眼里闪着光，"而且我也喜欢鼓捣这些东西，脏和累我都不怕，学会了也算一门手艺。"

"那我倒想看看你有没有常性，你先在旁边看着，不懂的就问我。"修车师傅语重心长地说。

师傅领进门，修行靠个人。看似简单的自行车修理也不例外，修车师傅动作娴熟，再复杂的故障，到了他的手里总是能够顺利修好。魏建雄认真观察着师傅的一举一动，不明白的及时请教，逐渐摸清了门道。

魏建雄的学"艺"之路不止于此。他是一个善于思考的孩子，看着师傅修车，他不仅要知其然，还在不断思考要知其所以然，明白原理之后，再寻求改进的方法，力图修得更快更好。

几天下来，修车师傅看魏建雄有耐心，又学得认真，还时常琢磨出个让人惊喜的小技巧，由衷地喜欢这个孩子，便毫无保留地教他。

回到淖尔塔村，别人家的自行车出现了像轮胎扎了、链条断了、刹车不灵这类故障，他们只要找到魏建雄，他总是热心地帮忙维修，而且从来不收钱。一个十几岁的孩子，在村里渐渐小有名气。

有一阵子，魏建雄修自行车近乎痴迷，一旦修起车来，常常忘记时间，就连母亲叫他吃饭，他也是只答应从不停下。看着魏建雄把自行车"大卸八块"摆在地上，母亲甚至怀疑他能否重新组装起来。不过，不管经手的自行车如何破旧，故障如何难处理，魏建雄总是能轻松修好，而且还要把它的性能调试到最好。他沉浸在经过他手的螺丝再次相扣、链和轮重新咬合，自行车"起死回生"的成就感之中。每当修好了车，魏建雄就会站起身伸个懒腰，一脸满足地看着自己的"杰作"。母亲也似乎在他的脸上看到了他未来的成就。

修理自行车这件事看似微小，或许任何一个人认真去学习一阵，都能够掌握七八分，但对于日后走上机械维修之路的魏建雄来说，却是重要的启蒙。因为，他后来报考技校，学的正是机械维修。

哥哥的坚持

20世纪70年代，大多数家庭都有好几个孩子，上学的费用是一笔很大的支出，尤其是农村家庭，很难供得起三四个孩子同时上学。为了能让当时年龄最小的魏建雄继续读书，魏建雄的哥哥读完初中就辍学外出打工了。不久之后，只读完初一的姐姐也退了学。

魏建雄初中阶段，由于家里基本没有积蓄，学费和生活费主要由哥哥和姐姐资助。看着母亲日渐衰老还要每天操劳，看着哥哥姐姐辛苦挣钱却舍不得花，看着家里又添了新人口——小他十二岁的妹妹，魏建雄于心不忍，所以在读完初中后，他也想退学。

那天，炎热的天气让人的心情烦躁而焦虑，就连菜园里的黄瓜秧都无精打采地趴在架子上。哥哥恰好也在家，魏建雄表达了退学的想法，母亲倒没说什么，神情悲伤又无奈，可能是作为母亲无力让孩子继续读书而心存愧疚吧。母亲还没来得及说些什么，哥哥首先激动起来："不行，你必须得上学！妈年纪大了，还有我和你姐，不管怎么样，我们俩供你。"

"哥，你还得攒钱成家，姐姐才比我大一岁都不上学了，让我上学，我心里过意不去。"魏建雄满是愧疚地说。

"这不是你该操心的事儿，你就好好读你的书，其他的不要瞎想。"哥哥坚定地说。

哥哥没讲大道理，句句是命令的口气，不容辩驳。但每一句都让魏建雄感到心酸和难受，他知道哥哥也想读书，可作为家里的长兄，哥哥只能成全弟弟妹妹们，自己是哥哥的希望啊！

在很久以后，魏建雄回忆起那天的情景，他知道，如果没有哥哥当初的坚持，他很可能就永远告别学校了。

1989年初夏，魏建雄即将从准格尔旗第一中学高中毕业，站在人生第一个真正意义的岔路口，学习成绩还算不错的魏建雄也面临着两难境地，他要在考大学和考技校两条路中，选择一条。

魏建雄更想考大学，但这终究只能成为他一生的梦。做出选择前的那段时间，和同龄人相比，心智更成熟的魏建雄想了很多：读大学，需要的费用更高，势必会让原本就捉襟见肘的家庭雪上加霜，哥哥和姐姐辍学后在外打工，节省下来的钱一直资助自己，他们太辛苦了。而且，考大学要考英语，他初中阶段的英语是一个俄语老师教的，所以一直是他的弱项。大学招生比例又很低，一旦考不上，会耽误考技校。读技校虽然没有读大学体面，发展空间可能更小，但考技校不考英语，只考数理化，而且技校的学制时间短，可以更早参加工作，为家里减轻负担。一番权衡之后，魏建雄觉得考技校把握更大，他将大学梦藏在了心底，决定报考技校。

说来也巧，魏建雄在选择技校时，并没有费周折，决定报考技校之后，恰逢当时的准格尔煤炭工业公司，现国能准能集团有限责任公司定向招收技校生，不仅不收学费，每个月还给五六十块钱的补助，而且学习两年之后可直接到单位工作。这个单位就在准格尔旗，离家近，还是国企。魏建雄如果能够考上，就不用再花家里一分钱，这个诱惑对他来说非常大。

更巧的是这所技校的考试时间与高考在同一天同一时间段，魏建雄本来还想着去参加高考感受一下氛围，考试时间上的冲突，彻底断了他参加高考的念头，他果断报考这所技校。

最后，魏建雄以优异的成绩通过了考试。

在选择专业时，出了一个小插曲。报考学生可以从铁路、电厂、露天煤矿三个专业中选择。和大部分同学一样，魏建雄对这三个专业并不是特别了解，只能从字面意思去理解。因为他从小没坐过火车，甚至没见过火车，所以他在报考时把铁路专业列为第一志愿，第二、第三志愿分别是电厂和露天煤矿。本来想着进了这个专业可以过足火车瘾，结果却事与愿违，他被分到了第三志愿露天煤矿专业。当听到这个专业的名字，他一头雾水。

"老师，露天煤矿专业是做什么的？"魏建雄举手疑惑地向老师提问。

"嗯……怎么和你说呢？这个专业要学的东西有很多，比如露天开采、爆破技术、设备维修这些，你要学的主要是大型机械

⊙ 魏建雄（二排右三）的高中毕业照

维修。"老师尽可能地选择一些通俗的词汇向魏建雄解释。

"哦……我会修自行车，都是机械维修，不知道有没有关系？"魏建雄的问题立即引来同学们的哄堂大笑，魏建雄也意识到自己问了个不合时宜的问题，羞涩地低下了头。

"同学们不要笑，当然是有关系的，不管维修什么机械，有些原理是相通的，维修自行车和维修大型机械相比，是简单很多，但有些原理是基础，这位同学有基础，一定会学得很快！"老师的鼓励让魏建雄自信地抬起头，他的眼睛里也充满了期待。

当魏建雄把这个好消息告诉家人，父母、哥哥、姐姐都为他高兴，尤其是母亲，流下了幸福的泪水，哪一个做母亲的不希望自己的孩子有更光明的前途呢！

魏建雄信心满满，憧憬着未来。

"偷艺"的学徒

20世纪70年代末80年代初，随着改革开放政策的实行，国家建设急需各方面的人才，技校生、中专生同大学生一样，都成为国家极为重视的人才，毕业还能包分配，就是国家给毕业生安排工作。

1989年9月，魏建雄开启了他的技校生涯，他和5名高中同学一起到位于辽宁省的阜新矿业学院（现辽宁工程技术大学）培训学习。这是魏建雄长这么大第一次出远门，临行前，母亲多少有些担心和忧虑，她能做的和所有游子的母亲一样，只是尽可能多地给儿子准备衣服、食物等。

"我帮你多准备几套衣服，留着以后穿。不知道你能不能吃惯那里的饭菜，这些吃的能放得住，你带着，吃不惯就吃这个过渡一下，千万别饿着……"母亲边往行李袋里一样一样装边絮叨着。

"妈，您为我想得太多了，不用担心我，准备这么多东西得花家里多少钱啊！"

"这时候不能省，你有新的起点了，不能太寒酸。再说了，你不用交学费，很多钱都替我省下来了。"母亲说着，想让他放下心理负担。

临别前夜，月色朦胧，月光也像感知到了魏建雄即将和家人分别的伤感，变得有些黯淡。那一夜，魏建雄没有丝毫困意，和家人聊到很晚。和母亲聊天是那么愉快，母亲对他的肯定和疼爱产生源源不断的能量，他的生活将有新的变化。

魏建雄和同学们登上火车——这是他第一次乘坐火车——一路向东奔赴辽宁，开启了他新的人生之路。

在阜新矿业学院机械一系机修班，魏建雄开始了他的技校生活。真正学起机械维修的专业知识，魏建雄才感觉到自己会修自行车简直不值一提。

刚入学那段时间，没有了母亲的管束，新环境的新鲜感、专业书籍的晦涩难懂，让魏建雄的心理发生了微妙的变化。他觉得，反正就学一年的时间，毕业之后又保证分配工作，理论听不懂就听不懂吧，不必耗费太多精力。相反，校园周边小书店里的武侠小说对过去很少接触课外书的魏建雄来说，更具诱惑力。当他认识了金庸、古龙，读了《笑傲江湖》《小李飞刀》，迅速被书中江湖上的恩怨情仇吸引而难以自拔。他白天上课偷着看，晚上在寝室熬夜看……幻想着行侠仗义、自由自在的大侠生活。

…………

春天播种，夏天耕耘，秋天才会有收获。当经过几次测验，魏建雄看着一塌糊涂的成绩时，突然意识到，不能再如此任性，武侠小说可以读，但首先要保证学习成绩。清醒过来的他意识到求学不易，更明白了只有学到过硬的本领，未来才能安身立命。

魏建雄原本就是一个勤奋好学的少年，当不服输的意识再次被唤醒，他开始加倍地努力，课上认真听讲，课后反复实践。功夫不负有心人，之后的每次考试，他的成绩都名列前茅。尤其是实践考核，善于动手、善于思考的魏建雄更是秀出班行。

有一次，魏建雄在实践考核中又摘得桂冠，中午在食堂吃饭时，一群同学围着他，纷纷向他取经：

"建雄，你找故障怎么找得那么准？"

"我还没确定故障，他已经修好了！你们说气不气人？哈哈……"

同学们七嘴八舌地问着，还有调侃的。

魏建雄起初笑而不语，等同学们的声音渐渐弱下去，他才认真地回答："上初中的时候，我家有一辆特别旧的自行车，总是

坏，去镇上修太麻烦，我就自己学怎么维修，所以对机械维修略
懂一些。"

"你还有这特长呢！哈哈……"同学们听后笑着说。

在魏建雄参加工作之后，回想起那段迷恋武侠小说的日子，
他说："读武侠小说也是读书，其实是好事，但是到了痴迷的程
度而耽误了学业，那就不对了。现在想想挺后悔的，虽然后来努
力补回来一些，但还是有欠缺。"

参加工作之后，魏建雄在读一些专业书籍时，有些专业知识
似曾相识，却又难以回忆起来，他知道这是自己的底子没打好，
才有了现在"书到用时方恨少"的感觉。

1990年，魏建雄和同学们结束了历时一年的在校培训，进入
为期一年的实习阶段，实习地点在内蒙古包头白云鄂博铁矿。

铁矿开采和煤矿开采虽然有很大的区别，但所使用的采剥设
备却基本相同。在技校的实践课上，只是使用零部件进行操作，
如今，第一次站在这些"大块头"下面，仰视着这些"钢铁猛
兽"，魏建雄心生敬畏，如何摸清它们的脾气和秉性，如何和它
们融洽地相处，如何让它们不"撂挑子"……是魏建雄接下来要
完成的任务。

魏建雄被分到电铲维修车间学习电铲维修，在课堂上所学的
和大型设备有关的知识毕竟有限，初来乍到，魏建雄可以说纯粹
是个小白。但他的师傅是个经验丰富的班长，跟着师傅学，魏建
雄一定能够学到真本事。可是，也正是因为师傅是班长，平时很
忙，要么开会，要么被借调到其他部门，和魏建雄在一起的时间

少之又少。每次在短暂的演示讲授时间里，师傅常常对魏建雄表达愧疚之意，但师傅确实分身乏术。

看着同学们跟着带他们的师傅进进出出、忙前忙后，不甘落后的魏建雄心想："我不能干等着，得自己想办法，不然一年的时间很快就会过去，我什么都学不到。"

起初，当同学的师傅在给同学讲授经验，或者他们围着设备讲解机械各部分的功能和构造时，魏建雄就硬着头皮站在一边听，因为他不知道这样会不会引起同学师傅的反感。有疑问的地方，魏建雄就利用休息时间，自己在车间里闷着头琢磨、研究，直到消化掉师傅所讲的每一个细节。

在学习过程中遇到难题，他不好意思问别人，就自己用心琢磨，实在学不明白就去查资料、找原理，不经意间反而学到了更多。而且像这样自己悟出来的答案，与只听师傅讲解答案相比，让他对题目的理解更加深刻。

在"偷艺"的过程中，魏建雄经常帮着师傅们热饭、打水，希望师傅们能多教他一点儿。慢慢地，魏建雄和大家相处得很融洽，师傅们也愿意带着他，有时还主动向他示意，询问他听没听懂。魏建雄也逐渐放下了心中的不安，越来越放得开，再有什么不懂的，就主动和师傅们探讨。当同学跟着他的师傅出维修任务时，魏建雄也主动跟着，并且和同学一起检查故障、商量维修方案，再征询师傅的意见。

一年的时光很快过去，魏建雄与一位同学的师傅竟成了忘年交。在即将离别之际，这位师傅邀请魏建雄和同学吃了一顿饭。

⊙ 魏建雄（三排左四）的技校毕业照

小酌之后，微醺的师傅不忘给两个徒弟送上几句忠告："作为一个技术工人，只学会技术是远远不够的，你们首先要敬业，喜欢这一行，才能干得好；其次是要精益求精，有些故障是修好了，但可能还有更好的方式方法，要不断思考；最后要持续创新，未来属于你们年轻人，只有创新才能让社会不断向前发展。加油吧，孩子们！"

误打误撞，魏建雄进入了煤炭采剥设备维修行业。一切都是最好的安排，适逢其会也是一种幸运。接下来，魏建雄还要经历更多的磨炼，只为蓄势待发！

第三章　蓄势待发

　　1亿8000万年前的侏罗纪时期，内蒙古准格尔旗一带森林茂盛，河湖遍布，泥沼漫漫，水草丰盈，一片水乡泽国。其时，广袤的原野气候润泽，生长着蕨类植物和苏铁类、银杏类等高大乔木，浓荫遮蔽了阳光……其后，一次次地壳运动以其巨大的自然力量，把植被搬运到河湖中沉积下来，随着地壳多次的抬升和沉降、颠覆与重塑，最终造就了一个神秘的煤海。

　　准格尔煤田被发现后，这块曾经沉寂的土地很快苏醒，并沸腾起来。

"没出息"的钳工

　　准格尔煤田位于内蒙古自治区鄂尔多斯高原。1990年，一期工程正式开工建设，是我国当时最大的煤炭开发项目。探测表明，1300多平方千米的黄土地下埋藏着200多亿吨优质煤炭，而且适宜露天开采。

　　准格尔煤田中部的黑岱沟露天煤矿，成群的工人和车辆不停地忙碌着。烈日下，采矿工人半裸着上身，毒辣的阳光刺在他们黝黑的背上，一双青筋暴起、长满粗茧的糙手抡起重重的铁锤——此时，他们已来不及擦拭脸颊上滚下的豆大汗珠，口中有节奏地喊着"一二、一二……"的号子——狠狠地砸向山石。

　　1991年9月，在阜新矿业学院学习一年，在包头白云鄂博铁矿

⊙ 上图　准格尔集团开发筹建处

⊙ 下图　黑岱沟露天煤矿开采现场

实习一年之后，魏建雄回到准格尔煤炭工业公司工作，被安排在黑岱沟露天煤矿设备维修部，于是，他的工作之路正式开启了。魏建雄的祖辈世代以耕田为生，魏建雄能够告别黄土地，进入大型国有企业工作，这个机会他非常珍惜。

魏建雄做的是钳工，所以他首先要从学徒钳工做起，拿钳子、递扳子、抡锤子……这是他最开始的主要工作。慢慢地，他才能逐步学习识图认件、搬运拆卸、组装调试等内容。可不管怎样，初来乍到的魏建雄只能干些简单的活儿，单调重复、枯燥乏味，再加上煤矿环境恶劣，工人们常常是"晴天一身汗，雨天一身泥"。有民谣是这样形容的："盛夏身上晒出油，寒冬嘴上结冰溜；风起天地暗，风停路不见。"

魏建雄接到的第一个任务是和几名同事沿着刚平整好的组装场地边缘立水泥柱、拉铁丝网。这项工作倒不算难，但正值春季，风沙特别大，干一天活儿下来，人就变成了"土人"。而且驻地到干活儿地点两公里的道路，全都是坑坑洼洼的土路，走上一趟，鞋里就灌满了土，甚至脚上磨起了泡。有人这样形容钳工这个工种："钳工就是个换件儿工，靠卖力气、流大汗挣钱，能有啥出息？"

在这种论调中，许多同学想办法调换了工种，魏建雄却一门心思留在这里，继续干着这个在别人看来"没出息"的活儿。其实，要是想当个工作相对轻松的司机还是很容易的，可他不愿意，生性倔强的他有自己的一套理论："开车虽然也是一项技能，但和维修比起来要容易，如果我去当司机，那我的那些维修

⊙ 1991年的薛家湾（准格尔煤炭工业公司所在地）

知识就白学了。每个工种都有专家、都有精英，与其选择安逸，不如学本事、长能耐，有了金刚钻，还愁揽不来瓷器活儿？"

于是，在别人用闲暇时间侃大山、打扑克、搓麻将、比酒量时，他一头钻进图纸堆里，把白天干的活儿在图上一一标注，把疑难问题一项项列出，把心得体会一条条记录，第二天再向师傅逐一请教。

技术工种，经验很重要，新人除了在学校里学习理论知识，更重要的是师傅在实践中传授经验。魏建雄的师傅叫张恒，这位师傅教会了魏建雄钳工应该掌握的所有的实操基本功。张恒看到魏建雄勤奋认真、吃苦耐劳，而且遇事肯动脑筋，越来越喜欢这个踏实且有活力的年轻人。

师傅张恒不仅创造机会让魏建雄尽可能多地在实践中练手，还鼓励他尽可能多地学习各种知识和技术，以便应对各种维修难题。

"处理机械故障，如果没遇到过类似的情况，很多问题你想都想不到，只有经验多了，才能抓住关键，你只有多练，拉出去才能独立工作。"师傅对魏建雄苦口婆心地说。

"我知道，师傅，我明白您的苦心。"

"我们这个工作很辛苦，有些人半途而废，但我希望你能坚持下去。"

"我就是从小吃苦长大的，这点儿辛苦不算什么。"

"有决心就好，将来的挑战还会有很多，要有心理准备。"

"我想好了，一定好好干。"

踏实肯干的魏建雄慢慢体会到，钳工工作虽然辛苦，但也有很多乐趣，当自己把一个铁块通过敲、打、锯、锉等工序加工成一个有形的零配件时，心里的成就感是难以形容的。

1992年，张恒班组接到一项任务——组装WK-10B型电铲。组装过程中，因为有的螺栓比较粗无法适配零件的通孔，需要精准测量零件的通孔之后将螺栓多余的部分进行锉削。如果说组装395BI型电铲时，张恒只是让魏建雄打打下手，熟悉熟悉组装流程，那么这次，张恒则更加细致地向魏建雄讲解工作内容，而且非常信任地让他独立实践。

WK-10B型电铲是一套大型设备，那个年代缺少吊装工具，很多又大又重的零配件常常需要人力搬运，工人稍微不注意就可能受伤。

魏建雄年轻力壮、血气方刚，根本没把这些重活儿放在眼里，结果在搬运一个零件时用力过猛导致腰部肌肉拉伤，稍微一用力腰部就会疼痛难忍。受伤后，他怕耽误工作，就没有告诉别人。为了缓解疼痛，他灵机一动想到一个办法。他看到电铲机棚顶是用铁皮铺设而成的，当时正值夏天，铁皮被太阳晒得滚烫。他就躺在电铲机棚顶上面，让腰部和铁皮充分接触，相当于做热敷理疗。还别说，效果真不错，没几天，他受伤的腰部基本不疼了。

1992年末，1993年初，准格尔煤炭工业公司从国外引进了拥有当时世界采掘行业顶尖技术的395BI型电铲，张恒班组参与了这个电铲的组装任务。张恒让魏建雄也参与其中，想让他锻炼一下。

395BI型电铲重900多吨，斗容32立方米，这个庞然大物，激发了魏建雄探索设备奥秘的极大热情。但是，该电铲所有资料、图纸都是英文的，大部分老员工没有英语基础，翻译这些内容的任务就落在了全组最年轻的魏建雄身上。为了尽快弄懂资料，魏建雄白天参与组装，晚上回家挤时间对照着英汉词典逐词逐句地翻译，逐步掌握了395BI型电铲的机械原理和结构功能。这为他在设备投入使用后，进行维护、保养、检修及大型故障判断、处理等工作打下了坚实的基础。另外，在翻译过程中，专业英语词汇的大量积累，也让他在日后组装进口设备时如鱼得水，就连同事遇到不懂的英文都会向他请教。

1993年，魏建雄参加两台KY-250A型钻机组装。钻机与电铲是两种不同的煤炭采剥设备，各个部件和组装流程有着很大的差异，这对魏建雄来说，又是一项新的挑战。组装工作之余，师傅张恒让魏建雄跟着厂家技术人员学习钻机知识，并且告诉他，一定要把这种钻机的每一个齿轮、每一个螺丝的排列组合、工作原理都吃透弄懂。魏建雄深知师傅的良苦用心，他不仅学会了组装，还认真研究图纸、了解原理，接下来在厂家跟踪维护时，他也不放过任何一次故障检查和排除的机会，学习判断故障和解决问题的技能，又积累了大量钻机组装和维修的经验。

由于魏建雄在钻机组装中的出色表现，车间委派他担任两台进口DM-H型钻机组装钳工组组长。设备组装完成后，他根据操作记录整理出了近一万字的钻机组装调试程序资料，为本矿独立组装钻机奠定了一定的基础。

魏建雄说，自己的进步得益于师傅张恒的有意培养。张恒在考技师时，提前找到魏建雄，要带着他去实操考试的现场，让他观摩考生现场操作，因为这是一场高标准的考试，能够报名参加的人都是行业内的高手，可以让魏建雄长长见识。

第二天，魏建雄跟着师傅到了考试场地，看着一块块"铁疙瘩"经过钳工徒手切、车、磨、钻等操作，很快变成一个个闪着亮光的零件，魏建雄惊讶地张大了嘴巴，一时找不到合适的词语来形容自己的感受。

"非常震撼，那个场景对我触动非常大。我记得当时他们是做一个凸轮，拿一个铁块，纯粹用手在上面画一些点和线，再拿着工具做成一个形状，特别精致！只用手工就能做到这种程度。这需要常年不停地训练才能练出来，所以是很难得的。

"我平时只是学会了一些设备的组装和维修，原来感觉自己还行，有点儿得过且过的心态，一看他们做完这个东西，我知道，这个我做不了。所以后来我在训练的时候特别认真，感觉我们钳工也可以很了不起。"

"天下大事必作于细"，从这次观摩之后，魏建雄没有辜负师傅的良苦用心，他看到了方向，找到了目标，他要在精细处刻苦钻研，练就一门过硬的手艺。

质疑权威的新人

钻塔林立，钻机轰鸣，到处是一派繁忙的景象。准格尔黑岱沟已经被建设成一座现代化的煤城。随着越来越多、越来越先进的机械设备的应用，机械维修工人检修的速度和质量也越来越重要。

1995年，黑岱沟露天煤矿一台KY-250A型钻机的螺杆空压机发生损坏。当时，从事钻机维修的老师傅由于工作需要已经调离岗位，魏建雄是所在部门唯一接触过螺杆空压机的维修工人。但他也只是了解一些理论知识，并没有具体的维修经验。

这个型号钻机的螺杆空压机的装配要求很高，零部件组合后部分位置的装配间隙要控制在0.1毫米左右。而当时的加工设备没有现在先进，有些零件还需要手工打磨完成，要把误差控制在要求的范围之内，维修难度可想而知。

那时，准格尔当地没有图书馆，也没有现在发达的网络，魏建雄只能借助厂里几本比较老旧的技术类书籍和类似设备的图纸，边研究维修工艺，边尝试修理。

在修理过程中，魏建雄发现，新采购回来的轴承存在问题——与原轴承结构不符。带着疑惑，魏建雄向当时搞设备维修

⊙ 魏建雄（右一）为工友讲解电磁阀原理

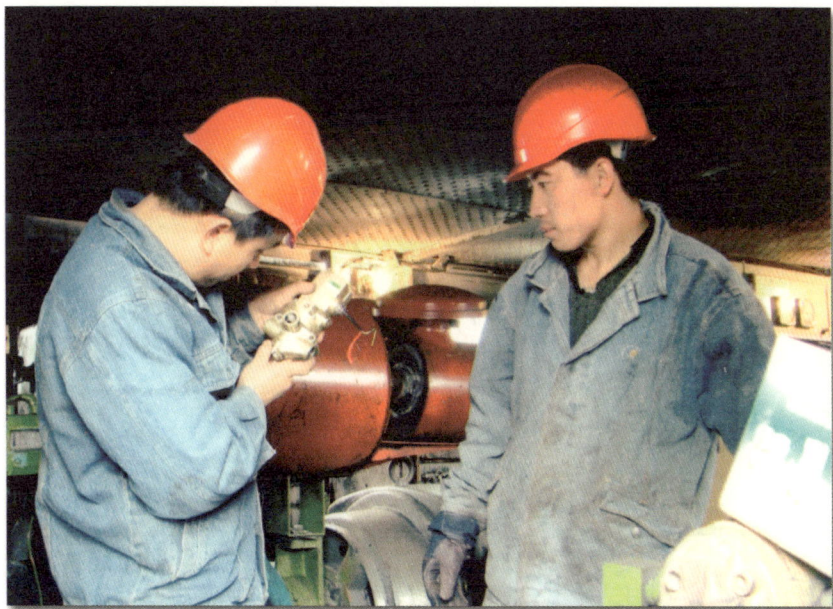

⊙ 魏建雄（左）在检查电磁阀

的一位经理——技术大拿、公司该领域的权威人士请教。经理看过之后表示：新轴承可以用，并向他说明了原因。

魏建雄从小就善于思考，不盲从权威，这位经理的解释显然不能让他信服。回去之后，他没有着手安装轴承，而是对螺杆空压机的内部零件进行了受力分析。分析之后，他惊讶地发现，如果直接替换新轴承，运转时会造成轴承损坏，有可能造成更大的损失。于是，魏建雄再次去和这位经理沟通。

"经理，这个轴承肯定有问题，必须放弃。"魏建雄坚定地说。

"嗯？你确定你的判断没有错误？说说看！"经理有些质疑地说。

"你看，如果这个轴承坏掉，那么与它相连的这个零件首先就会……"

魏建雄详细阐述了自己的受力分析结果，经理信服了，立马叫停了使用这种结构不符的轴承。但如果要重新订购适用的轴承，需要较长的周期，在等待的这段时间里，这台钻机就要停工。为了不影响生产，魏建雄再次拿出了那股钻研的劲头，他打算把那个结构不符的轴承进行改造，作为过渡使用。

改造需要打磨，没有合适的磨床，魏建雄就手工打磨。轴承作为机械设备的易磨损零件，硬度非常大，需要借助砂轮机进行手工打磨，经过3天时间，魏建雄手上磨出了泡和茧，轴承才满足要求。

改造后的轴承安装上之后，螺杆空压机运转正常，解决了新轴承采购周期内面临的停工问题，避免了单位的损失。

1998年7月，魏建雄又遇到一项新的挑战。黑岱沟露天煤矿KY-200型钻机出现故障，一侧不能行走。魏建雄接到维修任务后，到场检查，发现钻机电磁阀及各部分均能够正常工作，只有行走马达不能完成动作，而导致行走马达不能完成动作可能的原因又不止一个。因为这台钻机没有配备测压装置，魏建雄无法检测各个位置的压力进而确认故障点。

困难摆在眼前，魏建雄没有退缩，他选择了最笨的方法，一项一项对各部分原件进行排查。要知道，对于大型机械，对原件进行逐一排查的工作量是非常大的，需要检查人员有足够的耐心和细心。经过两天半的细致排查，最后魏建雄确认故障出现在一组电气元件的电磁铁上，该电磁铁内部固定螺钉松动，致使电磁铁吸附不到位而引发设备故障。

"病根"找到了，维修水到渠成。

2003年2月，黑岱沟露天煤矿的一台DM-H型钻机液压系统慢进给控制回路发生故障，维修人员起初判断是泵上流量控制阀损坏，可更换零件后故障仍然存在。魏建雄抱着试试看的态度，对系统进行了重新检查，经过一天一夜多次更换试验，最终他发现是更换的流量控制阀电气线路的正负极接反了，导致线圈不工作而引发系统压力不受控制。正负极接反，看似简单的错误，在实际操作中却不易被发现，所以，经验的积累往往比理论的学习更加重要，魏建雄正是在排除这些小故障中慢慢成长的。

原本一分钟就能解决的问题，却用了一天一夜的时间，这次经历让魏建雄认识到，钻机上的液压系统大多为电液互控，出现故障后，仅用钳工知识不易判断，因此钳工还必须具备一定的电气知识。为了使自己的维修知识更全面，能够完全胜任先进设备的故障处理工作，魏建雄又开始钻研钻机电气控制原理知识。

魏建雄就是如此，善于思考，细致耐心，敢于质疑权威。师傅张恒曾这样说：魏建雄的这些品质，恰恰是一个大型设备维修工人必须具备的素质。

魏建雄不放过每一次机会，只要有组装或维修工作，他都会积极主动地参与。一般情况下，设备引进工地之后，厂家技术人员会驻煤矿指导安装和维护，这个时候，魏建雄就每天跟着技术人员，尽可能多地学习设备的相关知识。厂家技术人员看到这个小伙子很认真，又能干，对他的评价都很好，也都愿意教他。

几年下来，煤矿上的采剥设备，无论是钻机，还是电铲，无论是国产的，还是进口的，魏建雄几乎全部组装或维修过。也正是凭着这股认真、能干的劲头，魏建雄从不同类型的设备中，学习到了丰富的知识，掌握了各种设备的构造和工作原理。

魏建雄不断积累经验，为日后破茧成蝶蓄积着力量。

第四章　破茧成蝶

在各个行业，"创新"都是一个永恒的话题。魏建雄所在的煤炭采剥设备维修行业也不例外。有人可能会说，维修只要把故障修好就可以了，创新的意义不大。可是，魏建雄并不这么想，创新维修技术，创新设备构造，甚至是创新人才培养模式，都有可能给维修节省更多的时间，给企业节省更多的资金。因此，魏建雄在日常工作中，无时无刻不在思考"创新"二字。

突破常规，破而后立，才能使人生如破茧之蝶翩跹而起，舞出一段绚丽，留下一分璀璨！

钻机的"外科医生"

几百个炮孔，装填着上千吨炸药，以毫秒之差，依次引爆，巨响犹如巨龙一啸动千山，岩体瞬间被炸成碎块，抛掷到采空区。

这是采矿行业中的爆破工作，有人这样形容爆破作业：它最关键、最危险、最具技术含量，而从事它的队伍——穿爆队，就像一把尖刀利刃，逢山开路。

1996年初，魏建雄从黑岱沟露天煤矿设备维修部调到生产作业部穿爆队，从事穿爆队钻机的维护和检修工作。在人员相对紧缺的情况下，为了保证穿爆队5台钻机的检修质量，他合理组织人员，常年带领同事们战斗在生产一线，接到报修任务后反应迅速，处理问题及时、准确，从没有影响穿爆队正常生产。他在穿爆队工作7年，钻机的出动率一直在80%以上。

工欲善其事，必先利其器。在确保完成日常维修任务的同时，魏建雄还积极对钻机结构进行优化和改造。

有一次，KY-200型钻机操纵台面板出现了故障，魏建雄和同事接到了维修任务。可是，在维修工作的收尾阶段，他们却被角落里的一处接线问题难住了。需要接线的位置位于操纵台面板零件的缝隙中，手和工具从任何角度都无法伸进去，出现了维修死角。

在维修过程中，魏建雄还发现，该型号钻机的油压表和水流量计就设置在操纵台上方。魏建雄凭借多年的维修经验判断，如果油压表和水流量计发生损坏，油水很容易流到电气元件上引发电气短路从而引起火灾。

发现这两个问题后，为了维修方便和生产安全，魏建雄决定对KY-200型钻机的操纵台面板、油压表和水流量计进行改造。经过多次探讨研究，魏建雄拿出了技术改革方案，又经过机电部门论证，他将原固定式面板改为活动式面板，方便检修；将油压表、水流量计置于操纵台下方，避免了油水流到电气元件上造成短路而起火等风险。

1996年12月，魏建雄因工作踏实，又肯钻研技术，检查维修每样工作都能独当一面，被穿爆队聘任为班长。这对一个青年人来说，又是一个新的起点。一个班十几个人，想要带好团队，困难自然不少，但他坚信"没有过不去的火焰山"，只要老老实实扑下身子干，大家同心协力，一定能克服一切困难。从此以后，他总是一边实践，一边创新，身体力行，在提高自己专业水平的同时，还注重全班人员的素质培养，经常给本班成员讲课，传授经验。他还热心帮助其他岗位的同事。每当别人有事儿，他就代他们上岗；焊工忙不过来，他就拿起焊枪当焊工；指挥车没人开，他就上车当司机……久而久之，魏建雄不仅和同事相处得很融洽，还学到了许多其他岗位的知识和技能。

奋斗的道路不会一帆风顺，魏建雄也遇到过挫折和坎坷。1998年，黑岱沟露天煤矿举行了一次技术大比武，实操考试比的是钳工基本功。作为一名钳工，要掌握设备制造维修，一、二级保养，设备日常点检，设备安装调试等工作。魏建雄上技校时，学习的技能主要是设备维修，实习和工作后，才跟着师傅练习了一些基本功，而且他还有10多年的设备组装、维修经验。魏建雄信心满满地报了名，认为凭借自己的技术和经验，足以在比赛中获得不错的成绩。可是，比赛结果一公布，就像一盆冷水泼到了他的头上，他连前五名都没有取得！

受到刺激的魏建雄下决心以后一定要在比赛中取得好成绩，他开始复盘，总结不足。因为自己的日常工作主要是设备维修，钳工基本功几乎没有时间练习，而自己却以为掌握了设备维修的理论和方法就能在实操中有很好的表现，这简直就是妄想。找到原因的魏建雄在接下来的日子里，只要有时间，就专心研读专业书籍；只要有机会，就练习钳工基本功，他在外出交流学习中更是勤学苦练，从不偷懒。

⊙ 魏建雄（左三）同工友们在设备上休息时留影

⊙ 魏建雄（左）在检修空压机油气分离器

台上一分钟，台下十年功。从那之后，公司又举行过多次技术大比武，魏建雄每次都名列前茅。2003年，在单位职工技术比武中，魏建雄获得了钳工类别二等奖，这个比赛代表了当时单位钳工的最高水平。虽然不是一等奖，但是他超越了以往比赛中一直排在他前面的一位老师傅，这让他从心底里感到自豪。

站在领奖台上，胸前挂着奖牌，手里捧着荣誉证书，他的目光穿过台下坐着的同事，视线慢慢变得模糊，又渐渐清晰起来，他仿佛看到了自己无数个日日夜夜坚持学习，坚持练习的场景。

"技能，必须通过不断练习才能获得，没有捷径可走，就算师承名家，就算天赋异禀，也需要在实践中不断强化，让技能变成本能。"这是魏建雄戴上沉甸甸的奖牌时有感而发说的话。

这些人生感悟逐渐融入魏建雄的血液，成为魏建雄向前的力量。还是在1998年，单位要求员工要一职多能，这对魏建雄来说根本不是难事儿，参加工作已经近10年，他善于学习，早就成长为一名复合型人才。这一年，单位又有新要求，要求班长自行驾驶指挥车，不再给他们配备专门司机。当时，穿爆队只有2台指挥车，魏建雄驾驶的那辆北京吉普车车龄已有10年以上，经常发生故障，他时常边开边修，辛苦是辛苦，但也因此掌握了一些汽车修理知识。

出检修任务时，他有时会拆卸回来一些废件儿、旧件儿，按常规可以做报废处理，可魏建雄舍不得丢弃，他留着这些废旧件儿，有闲暇时间就对着它们思考研究，拿它们做试验，以便对某些不合理的部位进行技术改造。

2002年，KY-200型钻机的液压卡头因经常接卸钻杆而频繁出现故障。到底是哪里出了问题呢？魏建雄拿着废弃的卡头，反复地观察和琢磨。

突然，卡头上的凸起和毛边引起了他的注意。"新卡头基本没有这样的问题，用过一段时间之后，卡头在接卸钻杆时与钻杆撞击，就可能产生凸起和毛边，故障是不是与此有关呢？"魏建雄想到这里，马上拿起废弃的卡头装进机器，果然如他所想，有凸起或毛边的卡头，在缩回缸体后，就卡死在了缸体中，从而使设备发生故障。

确定了问题的症结所在，经过认真思考和多次试验，魏建雄对卡头进行了加工改进，从此之后，钻机液压卡头没有再出现先前的问题。

2003年前后，魏建雄又先后对DM-H型钻机的千斤顶底盘和KY-200型钻机的履带张紧接头进行了改进。

在一次常规维修之后，魏建雄和钻机驾驶员坐在矿坑边休息，钻机驾驶员知道魏建雄是个技改能手，就指着矿坑下的钻机，半开玩笑地说："建雄，你不总是改机器吗，能不能把这台钻机的万向节改一改？这个万向节时不时就转不动了，每次处理都很麻烦。"

这台DM-H型钻机的万向节连接千斤顶底盘与油缸，由于钻机作业条件和所处环境恶劣，尘土长期积累，加上雨水的浸泡、空间的狭小，导致很难清理钻机，也因此钻机的万向节常常无法转动。而且遇到作业地表不平时，底盘受力不均，连接板就会弯曲变形，从而导致销轴无法固定易窜动，底盘掉落。

钻机驾驶员原本认为这个问题根本无法解决，他对魏建雄也只是闲聊中随口一说。没想到，魏建雄却上了心，他在反复观察思考之后，经过研判，在确认不影响其性能的情况下，果断地将底盘与油缸连接位置下方的零件去掉一部分，使尘土无法积聚，这样就不会影响万向节的转动，此后，类似故障再也没有出现过。

DM-H型钻机驾驶员激动地说："建雄，我真服你！"

魏建雄名声渐起，有同事慕名而来，主动找他反映问题：KY-200型钻机的履带张紧时油脂外漏严重，造成张紧速度极慢。

魏建雄来者不拒，第一时间到现场了解情况。KY-200型钻机的履带张紧方式采用手动油枪张紧，由于油枪注油嘴与张紧单向阀上油嘴配合不好，致使每次张紧时，大部分油脂会从接合处漏到外面，有时两三个小时都无法将履带张紧。

魏建雄分析原因，研究对策。他将原来手动操控的油枪直接与单向阀接头相连，这样就能避免油枪注油嘴与张紧油缸上油嘴配合不好的问题，油脂也不会再漏到外面，既避免了浪费，又加快了张紧速度。这项技术革新为维修工作节约了大量时间。

每一次设备技术革新的成功，都是对魏建雄的激励。"不愚信机器原本的设计"成了魏建雄常常挂在嘴边的话。DM-H2型钻机于2006年投入使用，操作人员发现，它在运行时经常出现行走大轴与底架固定螺栓松动现象，按规定力矩紧固后不到两天时间就会再次松动。

　　这台钻机在同等钻孔直径、同等钻孔角度的钻机中，是当时世界上钻孔深度较深的，在煤矿所有机械设备中的分量举足轻重。出现这样的问题，任谁也不会质疑它设计上就有缺陷，甚至会认为是人为操作的原因，更别提对它进行改造了。

　　魏建雄了解这一情况后，经过认真细致地观察、研究，断定这台钻机在设计上存在瑕疵，并大胆地提出改造方案。2008年，魏建雄在这台钻机行走大轴两侧增加挡板，并与底架焊接，用以承受行走大轴的冲击力，而螺栓仅仅用于连接两部分机件，不需承受冲击力，也就不容易松动。改进后至今，螺栓从未出现过松动现象。

　　截至2008年，魏建雄还先后完成加压油缸控制、主空压机进风装置、液压油回油过滤器、主空压机控制柜、KY-250A型钻机主动轮调整装置、DM-H型钻机拐臂钳钳口座等10余项机械改进改造工作。维修创新、修旧利废几百件，为企业节约检修费用上百万元。魏建雄还多次在黑岱沟露天煤矿技改技革评比中获奖，并被评为专业技术拔尖人才。

甘为人梯的师傅

　　新时代的工匠，平凡却不普通。他们没有光鲜亮丽的背景，也并不是出自名牌大学，更没有那些耀眼的文凭。他们靠的是自己勤劳的双手和脚踏实地的努力，在平凡的岗位上铸就了不平凡的成就。

魏建雄如此，他希望他的队友们亦如此，他一直为这个目标努力着！

2003年，公司成立设备维修中心，机械设备的操作与维修两项工作彻底分开。随着生产设备老化、故障越来越复杂等情况的出现，维修力量明显不足。

魏建雄所在的维修班负责5台钻机检修，却只有13名成员，其中有钳工7名、电工5名、焊工1名。在人员紧缺的情况下，魏建雄合理分配人力，亲自带领成员们吃住在生产一线，接到维修任务，他们会以最快的速度到达现场。无数个战高温、斗严寒的日子，魏建雄认真负责，带领成员们刻苦钻研，克服重重困难，连续加班加点地检修，始终保证钻机处于良好的工作状态，保证钻机较高的出动率，团队从来没有因为检修不及时耽误正常生产。

在完成维修工作的同时，魏建雄还帮助车间技术员制订合理的钻机年度及季度配件计划，力求做到准确及时，尽可能避免因配件计划不及时、不准确影响生产，同时也降低了不必要的库存。魏建雄还帮助技术员完成钻机大修项目、大修施工组织计划的制订编写工作。

2004年，因生产规模的扩大和人员离职等原因，电铲维修人员严重不足，经单位决定，除魏建雄之外的所有钻机维修人员全部转岗到电铲维修岗位，钻机维修人员实行整体外聘制度。魏建雄带领6名外聘人员（后增加到11人）负责5台钻机的维修工作，

⊙ 魏建雄在检修钻机

这些外聘人员基本上只有一些基础的维修经历，甚至有的是刚出来打工的，没有工作经验，因此，所有的重担都压在了魏建雄一人的肩上。他一方面要安排组织好钻机的维修、保养等工作，另一方面还要向新人讲解维修理论、传授经验。

有一次，KY-250A型钻机提升链条断裂，链条从25米高的钻架上全部脱落下来。要想接好链条，需要维修人员来回上下钻架和吊车配合才能完成。这项工作，当时包括魏建雄在内所有人从来没有干过，而且危险性极高，稍不注意就有可能发生事故。

魏建雄只能身先士卒，自己上！2个多小时的时间里，魏建雄在25米高的直立钻架上爬了5个来回，累得双腿发软走不了路。魏建雄就是这样言传身教，不懂的理论他先学，没遇到过的故障他先修。学会了，有了经验，再耐心地、毫无保留地传授给其他人。经过两年的"传帮带"，外聘人员已经能够独立完成很多故障的处理工作。

2006年初，由于生产任务重，设备老化、故障率高，钻机的出动率降到了60%，单位领导找到魏建雄，让他想办法解决。魏建雄认真分析了现状，根据故障修复的难易程度和轻重缓急，先处理简单的和紧急的，并且根据故障类型分配擅长的人员去处理，最后集中所有人员和设备攻克钻机疑难故障。通过精心安排、合理组织，将钻机的出动率提高到了85%以上。这一年，魏建雄带领团队在承担5台钻机维护工作的同时，又负责完成了2台DM45型钻机和3台DM-H2型钻机的组装工作。

虽然出色地完成了各项任务，但每个人的工作量也达到了极

⊙ 魏建雄上设备准备进行登高作业

限，所以，这并不是长久之计。要想从根本上解决问题，还是要引进人才。2006年末，为进一步充实钻机维修队伍，单位先后招收十几名大专毕业生，这些学生的培养工作，都落在了魏建雄的肩上。

北方的冬天，滴水成冰。

一台DM45型钻机已经"罢工"好几天了，魏建雄带着组员正冒着严寒抓紧抢修。他们全副武装，穿着厚重的棉衣，戴着只露眼睛的帽子，眉毛上挂满了白霜。即使如此寒冷，他们也不得不摘掉保暖手套以便手部操作更加灵活。

"当啷！"突然，大家被一声格外刺耳的金属撞击声吓了一跳。循声望去，魏建雄的徒弟狄建峰阴沉着脸蹲在设备机械室的角落里，脚边滚落着一把螺丝刀。看到魏建雄投来不解的目光，狄建峰抱怨说："师傅，我手粗，干不了这精细活儿，我就不是这块儿料！"

"没有干不了的活儿，只有不想干！"魏建雄表情严肃，有点儿生气，但想着自己也是这么过来的，又耐心地说："只有教不了的师傅，没有学不会的徒弟，来，再跟我试一遍。"

魏建雄的动作像是慢镜头，他边操作边讲解，规范动作幅度，把握尺寸精度，控制操作力度，手把手，耐心地引导徒弟调试着设备。

魏建雄并不是只对自己的徒弟这么耐心和细心，他对团队的每个成员都是如此。经过一年多的培养，好几个优秀的学生都能够独挑大梁。现在已经成为车间副主任的狄建峰每每回想起这一

⊙ 魏建雄（左）做登高作业前的准备工作——系安全带

幕，总是感慨万千："面对我不会的操作，师傅不仅没骂我，还把责任揽在自己身上，一遍一遍耐心地教我，让我非常感动，我没有理由不好好学。我现在学了一身技能，能养家糊口，可以说没有师傅就没有今天的我。"

在和徒弟们接触的过程中，魏建雄觉得年轻人学习技术的热情普遍不高，具体表现在理论知识掌握得不够扎实。另外，在实际维修操作中，目标仅仅是修好故障，不会深入思考引发故障的原因。比如，设备下的地面上出现一摊油渍，徒弟们会循着油渍向上查看，"哦，原来是上方的一颗螺丝松动了，怪不得漏油了"。他们会将这颗螺丝拧紧，下次再漏油就再拧紧，如此重复。

如果是魏建雄，他会多问自己几个"为什么"，为什么这颗螺丝会松动呢？为什么同一位置其他螺丝没有松动呢？魏建雄会把几颗螺丝全部拆卸下来进行比对检查，直到找到原因。在传授技能和经验的过程中，魏建雄不断向徒弟们强化这种思维方式，让"多问几个为什么"成为他们的本能。

修"心境"，达"技境"。干一行，爱一行，钻一行。育人先得育心。魏建雄深知先进技术只有被更多的员工掌握，才能发挥出更大的作用。他甘当人梯，毫无保留地把经验、心得传授给同事们，先后培养出全国五一劳动奖章获得者1人、全国技术能手1人、准能集团明星员工2人等多名优秀人才。

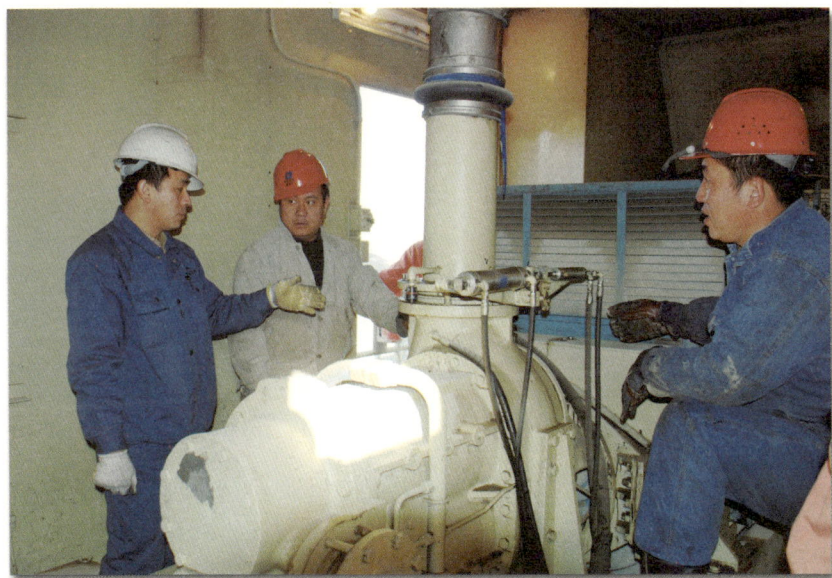

⊙ 魏建雄（左一）在与工友研讨检修方案

三十五岁的大学生

夜深人静，结束了一天繁忙的工作，很多人都已睡下，魏建雄坐在灯下，伴着妻女均匀的呼吸声，认真地看着书、做着笔记。他的"私人时间"才刚刚开始。

作为一名维修工人，日常的维修工作就已经很繁忙了，但再忙，魏建雄始终没有忘记自己的大学梦。过去决定读技校，是因为家里经济条件不好，他想尽快参加工作减轻家里的负担。现在生活条件好转，却没有时间了，他只能用业余时间为自己充电。

魏建雄每次外出培训，背包里总会背着几本厚厚的专业书籍，一有时间就会拿出来翻看，不懂的问题就向培训老师请教。这点滴的积累汇聚成"河"，不仅让他接触到最前沿的技术，还为他日后考取本科学历打下了基础。

2000年，工作近十年，已经三十岁的魏建雄在煤炭采剥设备维修领域可以说是一把好手。但是，在创新上，他感到自己还存在很大的不足。因为，对已有设备的结构进行创新改造，需要更多机械设计方面的知识。他自己也有意识地阅读一些相关书籍，但有些内容难以理解，所以，他一直酝酿着要继续上学。

魏建雄开始备考，准备考取内蒙古科技大学机械工程及自动化专业（本科）。这个专业需要自学11门专业课程。其中，高等数学对于非相关专业的魏建雄来说是非常困难的，他就报名参加了一个高等数学学习班。为了节省出更多的时间，上班时，魏建雄统筹好维修计划，争取正点下班。因为孩子已经上小学，需要辅导孩子学习，下班后，魏建雄第一时间赶回家里，用最快的速度吃上一口饭，辅导完孩子的功课，再冒着夜色去学习班上课。

3个多月的时间里，每天19点到22点，魏建雄很少缺课。在学习班学习时，魏建雄听课格外认真。深夜回到家里，妻子和女儿早已睡熟，他拖着疲惫的身躯，还要再看上1个小时的书加以巩固。

功夫不负有心人，魏建雄收到了内蒙古科技大学的录取通知书。虽然学习形式为函授，但魏建雄很知足，他终于圆了年少时的大学梦。

入学之后，魏建雄每学期要到校学习1个月左右。工作了10多年之后重返校园，魏建雄更加珍惜这难得的校园生活。

上专业课时，当老师讲到某个重要的原理或定律，魏建雄马上会联想到自己在实际工作中遇到的情况，他的脑海中已经浮现出维修现场的画面。"啊！我那次遇到的困难，可以这样改造试试。"魏建雄边思考，边在笔记本上做着记录。因为有丰富的工作经验，魏建雄不同于适龄学生，他是带着实践中遇到的问题来听课的，所以领悟得更快。

傍晚放学，夕阳下的校园仿佛披上了一层淡淡的金纱，朦胧而富有诗意。魏建雄喜欢这个时候在校园里散步，他坐在湖边，看着富有朝气和活力的学生谈笑着从自己身边经过，他突然感觉自己的青春也被唤到了眼前，就像一团火，那么的炽烈。

魏建雄是同学当中年龄最大的，起初他还有些自卑，担心年龄的差距成为与同学们相处的沟壑。但同学们的亲切和热情，让他很快感受到自己的担心是多余的。课堂、宿舍、食堂、去上课的路上，他们谈人生、谈理想、谈未来，有说不完的共同话题。

有同学随身带着诗集，他们读泰戈尔的诗，他们读徐志摩的诗，他们共同走进文学世界，感受那些或婉转或激昂的文字背后激荡的灵魂，这些让魏建雄这个整天与没有感情的钢铁"巨兽"打交道的维修工人，心思更加细腻起来，情感更加丰富起来。

魏建雄依然保持着他上技校时的爱好——读武侠小说。学校附近有几家书店，没事的时候他就去读书，捧着崭新的武侠小说，伴着书香，他仿佛又走进了那个刀光剑影、快意恩仇的江湖。

他也读专业书籍，而且他很清楚，自己能够考上大学，一个很重要的原因就是喜欢读书、喜欢琢磨。读着书中的文字，就像与大师对话，自己的视野开阔了，见识在增长。这些书在他的家乡是很难买到的，所以他格外珍惜。

大学那段时光，有博学幽默的老师，有朝气蓬勃的同学，还有专业权威的书籍。可是，天下没有不散的筵席，快乐的时光总是让人感觉很短暂，他们要毕业了，虽万般不舍，却不得不各赴前程。老师的毕业寄语深情而庄重：

"学无止境，但你们总是要踏入社会。此时，你们应当直面纷繁的生活，走向精彩的世界，踏上新的旅程了。

"要时刻记住，你们是大学生，是受过高等教育的人，要讲诚信、重品行。你们是国家的栋梁、未来的希望。所以，你们要有干劲儿，要拼，要赢。困难是会有的，波澜不惊的只会是一潭死水，坎坎坷坷才是真正的人生……"

有过工作经历的魏建雄对老师的这段话感触更深，没错，"要拼，要赢"，要不惧困难。在读本科期间，魏建雄就是这么做的，本科3年，取得本科学历的同时，他还取得了机修钳工技师职业资格证书。

技师职业资格证书当时并不受大多数工人重视。因为当时即使取得一定的职业技能等级，也不会加薪，没有奖励，更没有其他额外的待遇。而且，参加职业技能等级考试，还需要自己缴纳报名费和鉴定费，多数工人觉得不划算，因此少有人报名。但魏建雄不这么想，他认为取得资格证书是对自己的一种肯定，所以，每一次考试他都没有错过。在单位的同龄人当中，他是最早取得技师职业资格证书的员工。

由于在工作中表现突出，2006年，魏建雄被评为集团"技术能手"。集团有一项政策，如果职工取得了技师职业资格证书，又被评为集团"技术能手"，可以破格晋升一级职业技能等级。魏建雄两个条件都满足，不需要再进行理论和实操考试，他只需提供专业技术总结和论文。通过答辩后，魏建雄又获得了高级技师职业资格。

高级技师是技能工人最高的职业技能等级。魏建雄知道这不仅是一项荣誉，更是一份责任。于是，他把更多的知识和经验传授给同事们，把他们培养成为技能人才；他带领同事们继续创新攻关，解决工作中更多的问题。

　　一路走来，艰辛与收获并行，魏建雄始终相信，只有对自己狠一点儿，遇到问题和困难时才能够举重若轻。他，已破茧成蝶，前方还有更重的责任在等着他。他，还得再接再厉！

第五章　再接再厉

袁隆平院士常与人说，他的个性就是总觉得不满足。钟南山院士曾寄语青年，不要满足于现状。两位院士的话语道出同一个道理：无论是一个人、一个团体，还是一个民族、一个国家，永不满足、永不停滞，才能有源源不断的内生动力，从而在不断进取中谋求进一步发展。魏建雄就是这一道理在现实中的真实写照。他，已是行业中的佼佼者，但，他却永不满足，不断以敢闯敢拼、勇于创新的胆识开拓新路。

冒险的决定

在煤矿开采中，会用到许多大型机械设备，这些"钢铁猛兽"在人们眼中是庞然大物。电铲，作为现代露天煤矿的主要采掘设备，是这些"大块头"的代表之一。它生产率高，作业率高，操作成本低，在采矿作业中的作用举足轻重。

黑岱沟露天煤矿1#395BI型电铲已经服役15年，设备老化。2007年6月底，1#395BI型电铲中心轴突然断裂，按照常规，中心轴只能在设备大修时才能更换，用最快的速度更换也得两个多月的时间，这样，作业点就面临着停产的风险。而每年6、7月份正是露天煤矿一年中剥离作业的黄金时期，生产任务都是按日安排，耽误一天就可能影响一个月的产量。

为不影响正常生产，魏建雄在仔细研究现场情况后，大胆提出"现场更换中心轴"的想法。当时，1#395BI型电铲在国内已使用了15年，公司所有人还没听说过不把电铲解体就能更换中心轴的先例，而且要在"不拆除提升滚筒"的情况下现场进行操作。

魏建雄的想法无疑"一石激起千层浪"，同事们纷纷提出自己的疑虑：

"建雄，我们相信你的技术，但毕竟国内还没有先例，能行吗？"

"小魏，你确定这种方法可靠吗？万一设备稍有移位，中心轴孔错位了，怎么办？拆解设备费事，安装就更困难了，那时连组装场都开不回去，麻烦就更大了！"

…………

大家的疑惑和顾虑也正是魏建雄所担心的，他明白，自己从一个普通钳工熬到现在的位置并不容易，万一有闪失，自己肯定要负责任，甚至受处分，毁了自己好不容易积累起来的声誉，那岂不是前功尽弃？是"丢车保卒"保全自己，还是"小卒过河"勇往直前呢？

采煤坑下生产任务十万火急，后方领导万分着急，现场同事都在等着他拿主意，魏建雄没有时间再考虑自己的得与失，他必须果断做出决定。

"就按我说的做，出了事我负责！"在空旷的煤场，魏建雄的声音并不空灵，而是掷地有声。

他知道，敢于挑战自己的人，就好像走在钢丝绳上，一端是成功，另一端是失败，面对一点儿风险就畏首畏尾的人，一步都

⊙ 魏建雄（右）在指导电铲检修

不可能跨出去。想要更上一层楼，非冒险不可。他觉得，凭借自己多年的经验，这也算不上冒险，充其量就是"第一次"而已。况且，这台电铲是他亲自参与组装的，在十几年的维修、保养过程中，他对这台设备的运行状况比对自己的孩子还要了解，特别是近两年担任穿采车间主管设备维修的副主任以来，每台电铲什么情况，每台钻机什么毛病，他心里都门儿清。

冒险并不是冒进，下了决心之后，围绕自己提出的想法，魏建雄迅速组织相关人员进行勘察、研讨，力求把方案想得更周全。

魏建雄借鉴汽车维修行业中地坑检测的方法，组织大家在电铲下面挖了一条宽1.5米、深3米的作业沟，方便维修人员和工具的出入。然后用吊车在上面吊住中心轴，防止其下滑。维修人员用4个千斤顶在电铲后面的配重块下面前后左右四个点位进行支撑，保证设备的稳定、平衡，并通过调整千斤顶的高度来调节中心轴与底盘的垂直度，直到中心轴在吊车的作用下能够自由升降，他才下令让维修人员拆卸中心轴并更换。

其实，魏建雄利用的就是力的平衡原理，看上去这个方案简单，可为了找准这个平衡点，他和参与维修的10个人付出的辛苦常人难以想象。盛夏的鄂尔多斯高原骄阳似火，酷暑难耐，为了让900多吨重的设备纹丝不动地停在一个受力点上，每个千斤顶的升降，每次吊车的位移，每个手拉葫芦①用力的增减，都要付出艰辛的劳动。

---

① 又叫神仙葫芦、链条葫芦、倒链、斤不落、手动葫芦，是一种使用简单、携带方便的手动起重工具。

鄂尔多斯高原昼夜温差大，白天钢铁材质的设备被太阳烤得像个热铁板，打个鸡蛋上去能摊成鸡蛋饼，人在下面干活儿如同背着个火炉子。而且调整一个参数往往需要很长时间，维修人员热得即使脱光上衣也无济于事。夜晚温度骤降，山沟里冷风飕飕，工棚子里也不暖和，大家只好捡些木柴点起篝火取暖。

整整7天7夜，在魏建雄的指挥下，中心轴更换任务顺利完成，电铲恢复运行。不仅将采矿坑下生产的损失降到了最低，而且开国内现场更换中心轴之先河，为以后类似故障的处理提供了可借鉴的绝好经验。2008年底，6#395BI型电铲又发生类似故障，这次，魏建雄只带了5个人，花了4天时间，就圆满完成了维修任务。

2008年5月，黑岱沟露天煤矿4#WK-10B型电铲在挖掘时，中心轴底座撕裂，电铲中盘以上部分严重倾斜，中盘与底架支撑的上下环轨及辊子严重错位，致使支撑点数量不到原来的1/5，且重心偏向支撑点，随时有可能发生侧翻。

与电铲打了十几年交道的魏建雄，可谓是经验丰富，但也是头一次遇到这种阵势，先前的经验毫无用武之地。要想使倾斜部分复位，必须有人操作电铲使其恢复平衡，可是，驾驶室就在倾斜部位，司机根本无法进入。

到底该怎么办？魏建雄迅速组织大家进行研讨，很快十几个方案出炉了，可每个方案都有这样或那样的局限性和风险。经过严谨的推演讨论，最后遵循"两害相权取其轻"的原则，选择了魏建雄提出的风险较小的"多点支护，分步释放外力，靠电铲自

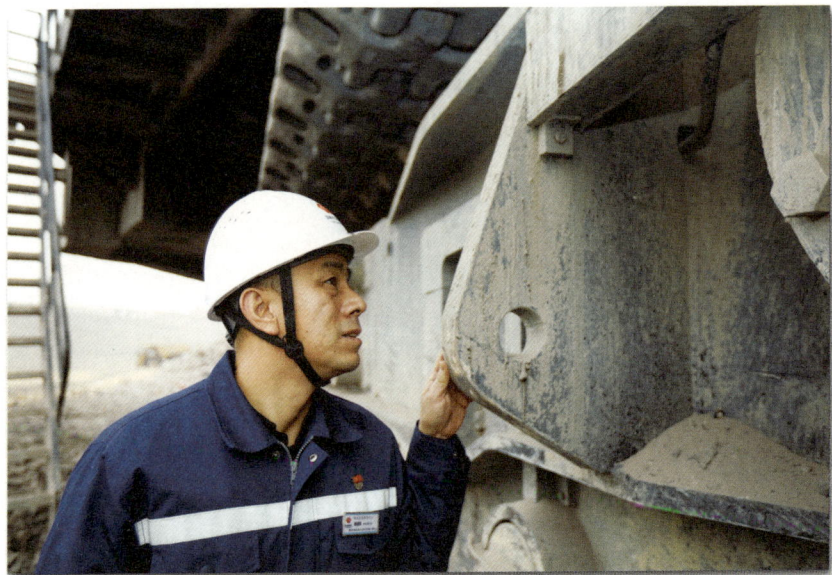

⊙ 魏建雄在检查电铲行走装置

重回落"的方案。

魏建雄经过认真勘察，科学判断电铲可能的运动轨迹后，先在电铲周围采取"多点支护"的方式将设备固定，然后从驾驶室接线将主令控制器引到地面的安全位置，再由司机进行操作。魏建雄则指挥司机按步骤先释放提升大绳的外力，再让配重设备缓慢落到支护位置以释放配重设备的外力，最后逐步撤出支护设备，靠电铲自重回落到原位。最后由司机将主机开出作业地点，再由技术人员拆卸底座，进行修复。虽然修复故障用了一个月的时间，但故障电铲得到及时转移，没有对正常生产造成更大影响。

2008年8月，为吊斗铲抛掷爆破钻孔的504#DM-H2型斜孔钻机，由于钻架连锁机构失控，导致近30米高、重40多吨的钻架底部脱落掉在地面，倾斜倚靠在了钻机平台上。由于钻架的支撑点较低，钻架较长，随时都有钻架倾倒而造成钻架和钻机部分装置损毁的危险。

魏建雄查看现场后，确定钻架暂时不会继续滑落而发生新的危险，就先将钻架与主机用手拉葫芦拉住进行固定，防止钻架在有地面振动或其他情况时继续滑落。接下来，魏建雄组织人员用吊车吊住悬在空中的钻架，此时钻架的重量完全由吊车承受，维修人员再开始拆卸钻架与钻机主体的连接部位。拆卸完毕后，堵塞液压管路，使钻机主机可以运转。然后用吊车将钻架一端升高脱离钻机支撑部位，将钻机主机驶离钻架下方，再将钻架放到地面，修复损坏部位，重新安装。经过4天时间的修复，钻机恢复运行。

从2003年到2008年，魏建雄先后完成设备维修创新项目和技改技革项目16项，为公司节约维修费用1000多万元，增加设备运行时间累计3000多小时，创造直接经济效益6000多万元。

修旧利废的能人

2007年，魏建雄被提拔到管理岗，从这一年开始，他需要考虑的事情更多了，责任也更大了。不仅每天要深入现场指挥工作，负责现场安全，解决技术难题，还要思考如何提升检修效率和质量。

从2007年10月开始，准能集团根据发展需要，先后引进5家设备承修单位，其中魏建雄所在的穿采车间就有3家，设备承修人员有170多人。如何处理人员间的关系，提高外委单位人员的检修效率，成为魏建雄提高整体组织效率的一道难题。经过多方了解、反复磋商，魏建雄使出了他的"三板斧"。

首先，用科学的方式来管理人员，创造性地设置监理工长一职，有效延长了管理手臂，达到了整体步调统一；其次，用车间特色文化引导他们，浸染他们，激发他们的战斗力；最后，时常开展团建，提升团队凝聚力。

经过一段时间的组织运行，魏建雄把3家外委单位以及车间原

⊙ 魏建雄（左）在现场查看WK-55型电铲支重轮和履带架磨损情况

有职工紧紧地凝聚在一起，纵向条块清晰，横向融合共享，使得组织效率、检修效率大大提高。在主采设备不足、设备老化、故障率高、采剥工艺变化等不利因素的制约下，依然使设备综合出动率达到82%以上，而且钻机出动率一度达到90%。

魏建雄凭借高效的组织能力，及时地排除了设备的各种疑难故障，使395BI型、WK-10B型电铲没有因为缺少爆破致使岩石依旧坚硬或煤量大而停产，相反，他们还使电铲运行时间延长500多小时。按每台电铲和其他设备联合作业每小时增创产值2万元计算，魏建雄每年为公司增创产值1000万元以上，为公司安全生产和稳定发展做出了突出贡献。

在繁忙的工作之余，魏建雄本可以休息放松，但他根本就不闲着，只要一有时间，他就琢磨怎样创新维修方式，怎样重新利用废旧零件，怎样提升产品质量……总之一句话，他除了睡觉，要么在维修现场，要么在思考维修的事情。

2010年初，正值单位抢抓煤炭产量的黄金期，从国外引进的6#395BI型电铲推压滚筒轴端突然断裂，由于这台电铲是厂家对原有型号电铲部分装置进行的升级版，单位现有配件无法适配。如果请国外专家更换维修，光修复周期至少就要10天，不仅使停产造成的直接损失在30万元以上，而且210万元的配件费用也是一笔高昂的支出。面对困境，责任和执着让魏建雄做出了自主攻关的决定。

魏建雄想到的办法是对现有闲置配件进行改造，但是，这台电铲与普通电铲在结构上存在很多差异，改造谈何容易。

⊙ 魏建雄在测量电铲推压大轴的轴孔尺寸

能成功的人对自己的要求总是特别严格，做事都要做到极致，而且不达目的决不罢休。为了能够尽快恢复生产，减少损失，魏建雄连夜翻阅资料、测量配件参数、分析数据，第二天就准备着手改造。经过他反复测试、加工、验证，他制作出了衬套、端盖。就这样，魏建雄和其他技术骨干通过加装滚筒轴承衬套、改装端盖等技术手段，将问题顺利解决。改造后的推压滚筒安装到6#395BI型电铲上使用，运行良好，未出现任何异常情况。

从2000年到2014年，魏建雄先后完成KY-200型钻机操纵台、DM-H2型钻机行走大轴挡板、WK-35型电铲提梁等20项技术改造项目，增加设备运行时间8000多小时，修旧利废的配件有400余件，节约维修费用800多万元。从2010年开始，每年的技术改造项目至少3项。

"心有精诚，手有精艺。"这是同事们对魏建雄的评价。也有人认为他傻，"职务也有了，钱也挣得不少，还那么辛苦干啥？"

魏建雄憨厚地一笑，说："是单位这个大舞台成就了我，离开这块沃土我将一事无成。"

魏建雄不管别人怎么说，仍一如既往地把全部精力倾注到矿山大型采剥机械的维修上。多年来，他累计完成大型设备的机械、液压疑难故障检修200多起，有效延长钻机运行时间3000多小时、电铲运行时间4000多小时，为企业增创产值近亿元。

⊙ 魏建雄（右）和工友分析电铲提梁损坏原因

大师工作室

　　钳工技术是机械制造和维修行业中最古老的金属加工技术之一，在机械制造和维修过程中应用广泛。据相关部门统计，由于流动性大，钳工技能人才一直以来供不应求，在采矿行业大型机械维修领域亦如此。

　　以魏建雄所在的准能集团为例，2008年，准能集团哈尔乌素露天煤矿开工建设，黑岱沟露天煤矿所有钻机维修人员全部转调到哈尔乌素露天煤矿的钻机维修队伍中，黑岱沟露天煤矿的钻机维修工作则整体外包。直到2012年底，黑岱沟露天煤矿钻机维修不再外包而转为自修，魏建雄再次组建黑岱沟露天煤矿钻机维修队伍，此时钻机数量增加到12台，维修人员是从各个车间抽调来的，其中从事过钻机维修的人员仅有3位，而且从业时间都没有超过2年，经验有所欠缺。像过去一样，身为穿采车间副主任的魏建雄，不仅要负责穿采车间电铲和钻机的维修任务，还要给新组建的维修队伍传授维修知识和经验技能。也就是说，他既要做好"指挥官"，还要做好"师傅"，付出的精力是双倍的。

　　每次有需要"传帮带"的人员，重担都要压在魏建雄的身

⊙ 魏建雄（左）为学员讲解千分尺的测量

上，这显然不是长久之计，因为"一枝独秀不是春，百花齐放春满园"。

"把本职工作做好，不断学习提升自我的同时，我也希望将技能传授给年轻人，让更多的人能够独当一面，为企业、为国家创造更多的价值。"魏建雄是这样想的，也是这样做的。

2013年，准能集团第三次创业正酣，魏建雄为了将自身优势发挥到最大，充分发掘电铲、钻机等煤炭采掘设备在修旧利废、技术攻关等方面的潜力，最大限度破解生产难题、培养高技能人才，于当年8月成立了"魏建雄技能大师工作室"。同年，该工作室被中华人民共和国人力资源和社会保障部认定为"国家级技能大师工作室"；2015年，被原神华集团命名为"魏建雄劳模创新工作室"。

作为"国家级技能大师工作室"带头人，从此，魏建雄有了这样一个更直接的平台，可以更加清晰、更加系统、更加全面地培养人才。

工作室以"建队、铸魂、育人、提素"为目标，以魏建雄及中心各车间高技能人才所擅长的技术和拥有的检修经验为基础，将解决生产检修实际问题的技术攻关创新放在首位，以技能大师为牵头人组成攻关团队，在日常生产检修过程中解决维修工艺难题，排查设备故障，同时完成企业需求的高技能人才培养，将技术攻关成果进行经验推广和申报。

建队：要将工作室创建成一个成员优势互补、精明强干、爱岗敬业、精益求精，在各个生产检修战线上能攻坚克难、勤于钻研、追求创新的团队。

铸魂：要树立在做中学，缺什么学什么，自学为主、请教为辅的终身学习理念。

育人：工作室要充分发挥带教作用，为成员授业解惑，着力培养青年骨干、技术能手。

提素：工作室所有成员均应具备丰富的实践检修经验、较强的学习能力和与人沟通的能力，具备写作能力以及良好的个人素养。

工作室成立之初，单位没有富余的厂房和工作间，魏建雄只能在一间很小的办公室里开展工作和建立"阵地"。工作室归口单位是准能集团设备维修中心，后经过不断调整场地也逐渐有了很大改善。

另外，工作室成立前期，在创新攻关过程中，因管理制度限制，存在配件不能及时采购，从而影响成员创新攻关积极性的问题。同时，工作室没有职权，对成员没有管理权力，各级也没有形成对工作室成员的激励机制，在很大程度上制约了工作室作用的发挥。

在魏建雄多方协调和沟通下，工作室逐渐有了一些改观。他以工作室为基地，积极创建"双师"（高级技师+高级工程师）型团队，抓住岗位练兵提升技能这个关键点，从严落实技术骨干专业培训和技能实训。

从2017年到2019年，依托工作室，魏建雄共进行理论技术培训1944课时，培训人员3907人次，带领工作室团队完成创新项目

116项，增创直接经济效益1000多万元，修复零配件1000余件，累计节约成本2560万元。

"我常对工作室成员说，维修做的是精细活，要钻研，更要耐心做好每一个基础工作。"在魏建雄的观念里，基础永远是最重要的，大型机械维修辛苦、枯燥，甚至有时还会有生命危险，这就更需要维修人员打好基础，在对日常工作游刃有余的前提下，才能进一步思考创新。

魏建雄凡事从自身做起，严于律己，发挥表率作用，影响着工作室成员。不仅他自己的能力得到了进一步提升，工作室成员也快速成长，成为后起之秀。2015年，"魏建雄技能大师工作室"被授予内蒙古自治区"'草原英才'高技能人才团队"称号；2015年，工作室成员梁勇荣获全国五一劳动奖章；2016年，魏建雄在内蒙古"草原英才"工程高技能人才暨自治区高技能人才培训基地和技能大师工作室评审会议中担任评审专家；2018年，工作室成员崔俊强获第四届全国煤炭行业职业技能竞赛露天采剥机械机修工第二名；2018年，工作室成员王荣钧、鄢载辰在第四届全国露天煤矿职业技能竞赛中担任裁判员。工作室成员先后为国家能源集团陕西神延煤炭有限责任公司职工招聘和设备检修提供技术支持，为国家能源集团矿山设备职业技能鉴定、行业标准和作业流程编制等提供人力和技术支持。

更让魏建雄欣慰和开心的是，在他的倾力"传帮带"下，截至2021年，工作室已有11人晋升为技师及高级技师，6人晋升为工程师及高级工程师，2人被聘为准能集团机修钳工"技能大师"。

⊙ 魏建雄（左三）为技能竞赛人员讲解比赛规则

他还培养了全国煤炭行业以及鄂尔多斯市和神华准能集团等各级技术能手60多名。

这正是魏建雄孜孜以求的目标：打造一支技术高超、勇于创新的高技能人才队伍，让劳模精神、工匠精神传承下去，持续闪亮。

技术创新的领头雁

会技术是底线，能创新才是"王者"。从历史发展进程来看，任何一个行业，只有不断创新才能与时俱进，这也是"魏建雄技能大师工作室"一直以来秉承的宗旨。

每一次出现问题，都是魏建雄创新的机会。2016年，面对黑岱沟露天煤矿牙轮钻机钻杆易损坏、成本及维护费用高等问题，魏建雄经过反复研究论证，对钻杆的长度和组合方式进行了改进。他采用缩短钻杆长度，在钻杆端部增加短接头的方式来充分延长中部管体寿命。这一改进，每年可为公司节约成本约200万元。之后，魏建雄继续在分体钻杆的基础上，通过对钻杆的磨损情况和磨损位置进行分析，从2017年开始提出并实施旧钻杆修复项目，该项目的实施，每年可为公司节约成本超过250万元。

2018年春节期间，黑岱沟露天煤矿502#DM-H2型钻机出现故

⊙ 魏建雄（右）在组装自己设计的胶板切割工具

障，钻机钻孔时用于调平和支撑的千斤顶不能收回，致使钻机不能移动，也使准备进行的抛掷爆破受阻，影响了整个矿山的生产。维修人员使用了能想到的所有办法都没有解决这个故障，不得已只能一个电话让正在休假的魏建雄返回工作岗位。

魏建雄回来之后，仅用一天时间就找到了原因，原来是液压油缸保持阀的阀座出现问题造成故障。为了尽快恢复生产，魏建雄带领检修人员把油管拆卸下来，手动把千斤顶收了回来，移动了设备，才使抛掷爆破正常进行。虽然过后更换了油缸，修好了钻机，但魏建雄并没有就此罢休。

针对此类故障，魏建雄进行了深入分析，还专门去维修此类液压油缸的厂家实地了解情况，最终提出了将千斤顶保持阀外置，重新设计制作保持阀阀座的创新想法。原理就是将原来集成的装置改成分体装置，这一改进既便于安装、节省时间，出现故障后又能快速检查和维修，还能降低油缸的加工和采购成本，一举多得，彻底解决了钻机千斤顶液压油缸故障频发的问题。

像这样的技改创新还有很多，自2015年以来，魏建雄独自完成的技术攻关项目和维修创新项目就有26项，累计节约的资金达300多万元。

作为高技能人才、技能大师、劳模创新工作室带头人和露天矿山机械设备维修方面的专家，魏建雄还先后参加了中国航天科技集团有限公司、中车戚墅堰机车车辆工艺研究所股份有限公司、株洲中车时代电气股份有限公司、国网山东省电力公司、中国石化齐鲁石化公司、国家能源集团宁夏煤业有限责任公司、内

⊙ 上图　魏建雄在检查设备的制动器

⊙ 下图　魏建雄（前）在创新项目实施安装现场

蒙古第一机械集团有限公司、国能包神铁路集团有限责任公司、杭州杭氧股份有限公司等公司的部分技能大师工作室和劳模创新工作室关于工作室创建、运行和发展方面的技术交流。同时魏建雄积极联系全国劳模、大国工匠来公司为单位职工进行授课，发挥国家级技能大师工作室带头人的作用。

第六章　勠力同心

魏建雄是成功的，但任何事业的成功，都离不开家庭的支持，因为时间、精力是取得成就的前提。魏建雄能够有时间、有精力一心扑在工作上，当然离不开父母、妻子和孩子的支持，甚至是付出。

"你还要向全国看"

魏建雄早年选择读技校，尽快参加工作，最主要的原因是希望能早日减轻家里的负担。在他参加工作的第二年，手里稍微有了点儿积蓄，他首先想到的是改善父母的居住条件。

魏建雄的父母一直住在淖尔塔村，家中的三间平房是当时农村比较常见的泥草房，夏天漏雨，冬天漏风，房顶每年都要苫新草修葺。看着父母渐渐变老，身子骨一天比一天弱，魏建雄就和哥哥、姐姐一起给父母盖了新房。考虑到北方的冬季漫长而寒冷，魏建雄又在新房里安装了取暖设备。

三间砖瓦房，窗明几净，魏锁成、白玉兰老两口坐在炕沿儿上，脸上洋溢的幸福与秋日和煦的阳光，在农家小院里交融在一起，笑容在魏建雄兄妹三人的脸上绽放。

在魏建雄参加工作两三年之后，妹妹魏沙到准格尔旗读初中，吃住都在魏建雄家里，此时的魏建雄经济条件有了很大的改善。魏建雄知道知识的重要性，他从自己的经历中深刻认识到，对于普通人来说，改变命运最好的方法就是读书。茶余饭后，他时常嘱咐妹妹一定好好学习。

"现在家里条件比以前好了，你得一直读下去，不用担心钱的问题，爸妈岁数大了，我供你。"魏建雄像个家长似的对妹妹说。

"二哥，你也很辛苦，我学差不多就行，你看大哥大姐没上过高中，不也一样能挣口饭吃！"妹妹虽然这样说，其实是不想让魏建雄太辛苦。

"大哥大姐是没办法，那时候家里穷，他们是为了让我上学才辍学的。读书很重要，你看我只是上了个技校，就能找份工作，日子就越过越好，你好好学，争取考上大学。你就听我的，别胡思乱想！"魏建雄的语气不容反驳，像当初的大哥一样。

魏建雄义无反顾地负担起妹妹的学费和生活费，解除她的后顾之忧。妹妹也很争气，在读完初中之后，考上了一所师范中专，毕业后成为一名教师。参加工作后的妹妹时常说起，多亏了哥哥当初的鼓励和资助。

魏建雄的工作越来越忙，能抽出时间回老家的次数也越来越少，对父母的照顾，更多的是在物质上，这让他一直不能释怀。有一年，父亲生病住院，魏建雄虽然没有时间在床前照顾，但他承担了所有的医疗开销，成了家里的顶梁柱。虽然如此，但他仍然心存愧疚，希望父母能够和他一起生活，这样可以更方便地照顾两位老人。

魏建雄在城里分到房子之后，第一时间提议让父母搬到城里

⊙ 魏建雄在内蒙古自治区"北疆工匠"颁奖现场

和自己一同居住。不过，父母怕给他添麻烦，只是偶尔进城探望儿子一家。魏建雄就带着他们去公园、景点转一转，让辛苦大半生的父母放松一下心情，感受祖国的大好河山。

"城里真干净，景色也好，你看这花啊、树啊，一排一排的，真好看！"母亲边欣赏边赞叹。

"妈，要我说您就别走了，现在我能养活您和我爸了，你们俩这么大岁数了，也该歇歇了，多住一段时间吧，没事就来这公园散散步，不挺好吗？"魏建雄再一次趁机让父母留下。

"金窝银窝不如自己的草窝，我们在这可待不习惯，再说你工作那么忙，我们怕给你添麻烦。"

"那有啥麻烦的？添两双筷子的事儿。小的时候，您为几个儿女操劳，现在没什么负担了，也该享享福了。"

"人不能闲着，老了更是这样，我和你爸回乡下少干点儿活，活动活动筋骨，对身体也好，没事了还能找个人说说话。看着你这么有出息，我们也跟着开心，你好好工作，别总是担心我们。"天底下的母亲，为了自己的孩子，付出再多都心甘情愿，却永远不想给孩子增添负担。

不能常回家看看，那就常打电话吧！电话里，魏建雄对父母嘘寒问暖、关怀备至。而母亲最常说的话就是："不用总打电话，你安心工作，我们能照顾好自己。"

有一次，魏建雄的母亲在电话里和他进行了长谈，聊的是他的事业。这个文化不高的农村妇女，却是如此睿智和开明，她告诉儿子：

"你能有现在这样的成绩，很优秀，也很不容易，不过你想啊，你在你们单位只是个技术能手，你还要向全省、全国看，所以你还得继续努力！"

魏建雄也没有想到常年和土地打交道的母亲竟然能说出这样一番话，他在感动的同时，也深刻地认识到自己确实不能止步。"妈，我知道了，您放心，我不会让您失望的。"他的声音有些哽咽。

虽然不能说仅凭母亲这么一句话就决定了魏建雄之后的人生道路，但不得不承认，魏建雄的成长是离不开母亲在日常生活中潜移默化的影响。正是点滴小事的浸染和只言片语的教导，让魏建雄形成了自己的人生观和对生活的态度。

排球场上的爱情

读技校，是魏建雄事业的起点，也是他爱情的起点。魏建雄说，读技校不仅解决了工作，还解决了婚姻大事，事业爱情双丰收，真是名副其实的两全其美！

辽宁省阜新矿业学院有排球场，课余时间，同学们就会相约到这里打打排球休闲娱乐，男女同学常常混合在一起，打上一场排球赛，魏建雄和妻子王秀梅就是在这个排球场上相识的。

魏建雄和王秀梅同级不同班，球场上，两颗年轻的心互生爱慕之情，表白之后，他们开始交往。技校毕业之后，两个人都被分到准格尔煤炭工业公司露天煤矿设备维修部工作。工作一年多之后，1993年初，两个人喜结良缘。俩人的女儿魏晨捷在1994年出生。女儿出生后，照顾孩子的重担就落在了王秀梅的肩上。为了不让魏建雄分散精力，女儿一日三餐的准备、放学上学的接送，王秀梅基本上都是独自承担。女儿有个头疼脑热，王秀梅也从来不告诉魏建雄，自己请假就去处理了。

每个成功男人的背后，都有一个默默付出的女人。魏建雄也是如此。魏建雄说，妻子也在维修岗位上，工作也很忙碌，她原本也可以有很好的发展，但婚后，为了让他能够全身心地投入工作，妻子毫无怨言地埋没在家庭的琐事之中。家里无论大事小情，王秀梅基本不用魏建雄操心，甚至有些事情，她都不和魏建雄说，自己就处理好了。

王秀梅爱干净，她宁可放弃逛街，也要把屋子收拾整洁，把衣服清洗干净，屋里屋外井井有条。有时，魏建雄深夜回家，孩子已经熟睡，妻子却还在阳台上洗晾衣物。

有一次，王秀梅感觉身体不舒服，只是早上和魏建雄打了个招呼，就独自一人到医院检查，检查后，医生建议手术治疗，虽然如此，王秀梅依然没有告诉魏建雄。

第二天，魏建雄突然想起此事，问妻子："昨天检查结果怎么样？什么问题？"

"检查结果可能今天才能出来，今天再去一趟医院。"王秀梅向魏建雄隐瞒了实情。

吃过早饭，魏建雄去上班，王秀梅去医院。

第二次到医院，王秀梅其实已经做好了手术的准备。到了医院，她自己跑上跑下办理了住院手续。虽然是个小手术，但术前也需要家属签字，医生环顾四周，纳闷地问："你家属呢？需要签字。"

"我老公太忙了，这也不是什么大手术，我自己签就行。"

那天，魏建雄恰好工作忙，晚上就住在了单位宿舍。第二天闲下来，他想起妻子去医院检查的事情，便打电话询问。这时，王秀梅才告诉魏建雄自己接受了手术。

"怕耽误你工作，就没告诉你，没事，我自己行。"王秀梅虚弱地说。

"听你说话都有气无力的，还说没事，我现在过去。"魏建雄的语气充满了担心。

到了医院，魏建雄才知道，妻子轻描淡写是不想让他担忧。

王秀梅虚弱地躺在床上，翻个身伸出手去拿床头柜上的水杯都很艰难，吃的饭菜也需要病友帮忙从医院食堂带回来。如果魏建雄不问，王秀梅仍旧一个人撑着。

看到这一幕，魏建雄心里涌起酸楚和感动，眼里满含泪水。

王秀梅就是这样，通情达理、无怨无悔地支持着丈夫，让丈夫没有后顾之忧。有一年，魏建雄的父亲因长期劳累而生病，到医院住院治疗。那一阵儿，魏建雄工作太忙，没有时间照顾父亲，王秀梅就主动承担起陪护工作。为了能让公公吃上可口的饭菜，王秀梅不嫌麻烦，一日三餐都是回家做好再送到医院，如此往复，她不辞辛苦。

2008年1月，王秀梅再次生病住院，魏建雄还是没有时间陪伴，只好请姐姐来帮忙照顾。当王秀梅在病床上忍受痛苦之时，魏建雄正在尘土飞扬的煤矿带领团队解决难题。

王秀梅没有抱怨，而是习以为常，并理解和支持他。她，乐观而通达！

魏建雄对妻子的付出了然于心，却并没有认为这是理所当然的，他满心愧疚和自责！

"我和妻子之间很少有风花雪月的浪漫故事，更多的是锅碗瓢盆的生活交响曲。"魏建雄说，"娶了她，是我的福气，她是我的'福妻'。"

"子承父业"的清华学子

魏建雄的女儿魏晨捷虽然缺少父亲的陪伴，但不缺乏父爱。从某种程度上来说，这也要归功于王秀梅对魏建雄的理解与支持，或者说，王秀梅不仅自己理解和支持丈夫，还把对丈夫的爱在生活中传递给了女儿魏晨捷。

无论是在公园里玩耍，还是在家里休息，王秀梅会时不时地给魏晨捷讲魏建雄的事儿。小的时候，魏晨捷总是眨着大眼睛饶有兴致地听着。虽然不是很懂，但她知道，父亲是一个勤奋拼搏

⊙ 魏建雄一家三口的合影

不服输的能人。

魏建雄有很多奖状和奖杯，还有很多专业书籍。等魏晨捷再大一点儿的时候，翻看着这些奖状，她更加崇拜父亲，她知道只有足够优秀的人才能获得这么多荣誉。她开始对父亲的专业书籍产生兴趣，等到小学四五年级时，有了一定的识字量，她翻开那些晦涩难懂的书，像模像样地读起来。

起初，魏建雄和王秀梅只是把这当成是孩子好奇的天性。没想到，时间久了，魏晨捷真的对机械工程产生了兴趣，甚至报考大学、选择专业以及日后走上工作岗位，选择的都是机械工程领域。在魏建雄和王秀梅的观念里，机械领域的相关职业十分辛劳，更适合男孩子，女孩子就应该选择像教师、医生、会计这样的职业，可是女儿偏偏喜欢机械工程。在确定大学报考专业时，魏建雄夫妻俩和女儿进行了一次郑重的谈话。

"你一个女孩儿学什么机械！因为我是搞机械的，非常清楚，很多机械方面的工作，相对来说要笨重一些，比其他的工作，更需要力气。你毕竟是女孩子，学习又好，那么多专业，学个其他的吧！"魏建雄的话语中带着严肃，但饱含着深深的父爱。

"你为什么非要学机械！你看你爸多累！"王秀梅也跟着着急，在旁边劝说女儿。

"不行！我想学的是机械设计，也不是在施工现场风吹日晒，不会太辛苦的，我就选这个专业。"魏晨捷执拗中带着坚决。

"你学机械设计，也肯定要去现场，你得去测绘，深入现场了解设备的工作环境，才能设计出更实用的设备。还可能得把设备拆解开，你才能知道里边是怎么回事。你一个女孩儿做这个太辛苦，再考虑考虑！"

"不用考虑了，反正我就想学这个专业。"

…………

魏建雄和王秀梅轮番劝了很久，女儿主意已定，一点儿也没有改变的意思。夫妻俩虽然不甘心、不情愿，但也只能尊重女儿的意愿。

"跟你讲了那么多，好像没什么用，你既然要学这个专业，那就选吧！"魏建雄更像是赌气。

事后，魏建雄回忆起来，他虽然不常在家，但在家里有限的时间内，没想到他说的话做的事对女儿的人生产生了如此巨大的影响。说是"女承父业"也好，说是"传承"也罢，女儿日后取得的成绩，让他和妻子引以为傲。

"我回家，单位同事总给我打电话，问我维修方面的问题，别人认为很复杂的问题，对我来说很简单。我一般不需要查，随口就能说出来。小孩儿（魏晨捷）在家总听，她可能感觉爸爸真厉害。所以，这个对小孩儿的影响很大，后来上大学的时候，她学的也是机械工程。"魏建雄说。

2013年，魏晨捷考上了清华大学机械工程专业。2017年，魏晨捷到南方参加工作，从事机械设计、力学分析等工作。魏晨捷参加工作后，时常给父母打来电话。生活上的事情，她一般和母亲聊；而工作上的事情，她和父亲的共同语言就多了。父女两人时常交流业务，交流专业知识。一个重理论，一个重实践，互相启发，互相改进。

"我们维修的设备比较大，做攻关创新不能随便在设备上进行试验，如果停机，没有人能承担得了影响生产任务的严重后果。因此，在初期就要使用电脑软件建模，这些我都会和女儿进行交流，让她推荐比较好的机械建模软件，也会让她教我怎么操作。她工作后，有一次公司的一台设备频繁出现机架断裂故障，她就把这个故障现象以及她和同事们的分析和我进行探讨，我们一起分析原因，我的想法对她帮助很大。"现在说起女儿的专业和工作，魏建雄已经没有了当初劝女儿不要学习机械工程的苦恼。

魏建雄开玩笑说，现在的父女俩像是工友，每年有限的团聚时间，两个人也要聊聊机械技术。他向女儿请教前沿科技，女儿向他了解大型机械的实际使用情况。王秀梅常常在一边打趣："你们俩能不能聊点儿家常？女儿一回来，咱家就像变成了生产车间！"

魏建雄和魏晨捷听了相视一笑，魏建雄赶紧打圆场："你妈吃醋了！赶紧和她说说你的近况。我去做你最爱吃的家乡菜。"

魏建雄起身，走进厨房忙活起来。

⊙ 魏建雄一家三口合影

劳动者的最高荣誉

冰心的散文诗《成功的花》中写道："成功的花，人们只惊羡她现时的明艳！然而当初她的芽儿，浸透了奋斗的泪泉，洒遍了牺牲的血雨。"我们看到了魏建雄的成功，更看到了他在成功的道路上流下的汗水和付出的艰辛，也看到了他背后的家人对他的鼓励与支持。

一切看似自然，一切又绝非偶然。

2020年，魏建雄迎来了他人生的高光时刻，他被评为全国劳动模范。

原本在每年的五一劳动节举行的全国劳动模范和先进工作者表彰大会，推迟到当年11月举行。

11月，北方的天气已经变得寒冷，提前几天到达北京的魏建雄心里却是火热的。这一天，他起得特别早，刮胡子、吹头发，每个细节都要在镜子前面端详一番。自己感到满意后，又小心地穿上妻子提前为他准备好的西装，随后出发，去往表彰现场——人民大会堂。

"进一次人民大会堂太不容易了，心情特别激动。"现在回忆起来，魏建雄也难掩兴奋。

⊙ 2020年，魏建雄被评为全国劳动模范

全国劳动模范和先进工作者表彰大会是劳动者的节日。魏建雄和来自全国各地的劳动模范齐聚一堂，他们披红戴花，接受人们的鲜花和掌声，收获了中国劳动者的最高荣誉。

这份独属于劳动者的荣誉意义非凡：它代表着被肯定、被认可。魏建雄站在台上，接过奖章的那一刻，他的心情由激动变得沉重。他知道，沉甸甸的奖章不仅仅是荣誉，更是责任，他的责任不仅是要继续做好自己的本职工作，更要将劳模精神传递给年轻一代。

任何一个时代，都需要有精神的力量。社会学家艾君认为：劳模精神折射出一个时代的人文精神，反映出一个民族在某一个时代的人生价值和思维道德取向。它简洁而深刻地展示着一个时代精神的演进与发展，凝重而浪漫地体现着一个民族的时代思想与情愫。

在回程的列车上，魏建雄对今后工作的思路愈加清晰。回到公司，欢迎仪式结束后的第二天，魏建雄就开始了他的"劳模宣讲"之旅，希望通过他的宣讲能让劳模精神薪火相传，不断发扬光大。

结 束 语

在鄂尔多斯大草原上，钻机与电铲轰鸣成交响乐，金属与山石的碰撞为和声。远处草原上的机修英才，擎着革新的火种，求未知，探无穷，一路向前，勇者为雄。

家国日月，持之以恒。魏建雄，把他30多年的青春奉献给了他所热爱的矿山。他剖析设备"脏腑"，犹如解牛的庖丁；他"叩诊"机械漏洞，犹如治病的医生；他推陈出新的创造，犹如星星之火，点燃更多劳动者心中创新创造的奋斗激情。

他，攀越 峰又一峰！春风化雨，润物无声！

他，虽然站在峰顶，精神却满山遍野映长空！